Restent les voyages,

Du même auteur

Schliemann, épisodes ignorés
théâtre, Gallimard, 1982

Faut-il choisir? Faut-il rêver?
théâtre, L'Avant-Scène, 1984

Jean 3 Locke
roman, Gallimard, 1987

Traductions :

Sophocle, *Œdipe à Colone*
Éditions Christian Bourgois, 1987

Goethe, *Torquato Tasso*
L'Arche, 1988

Fiction & Cie

Bruno Bayen
Restent les voyages,

roman / Seuil
*27 rue Jacob, Paris VIe*

CE LIVRE EST LE CENT QUINZIÈME TITRE
DE LA COLLECTION « FICTION & CIE »
DIRIGÉE PAR DENIS ROCHE

ISBN 2-02-011465-8

Au matin de la Quasimodo, je décidai mon frère à gravir un sentier de montagne, après avoir lu le journal de la veille avec dégoût. Nous allions l'un devant l'autre, chacun à ses histoires. La trace de cascade qu'un écoulement formait à la rencontre d'un caillou m'inspirait des invectives contre les suicidés ; ailleurs je décernais des louanges au printemps. Parfois mon frère rompait le silence en me désignant un arbre ou en s'arrêtant au bruit froid d'un ruisseau. Le sol avait une consistance de salpêtre. Le pourtour des fleurs sombres épousait la forme d'un frelon.

A la lisière du chemin principal, un homme s'était accroupi pour sarcler un plant de fleurs sauvages avec un piochon. Il avait devancé les siens qu'on vit surgir du faux-fuyant. La femme allait d'un pas fébrile, en chapitrant sa fille. C'était une remariée ou bien une seconde femme. La coupe de ses cheveux bleuis comme le thorax des mouches d'été résumait la récente volonté de rajeunir en bouleversant les habitudes. Elle vantait rageusement le bienfait de l'excursion, elle se plaignait de cet air absent, de cette tête en retour pâle et obstinément butée. Sa fille ne répondait rien aux accusations, pendant que l'aîné se déportait vers la droite pour ne pas s'en mêler. A la suite de mon frère je coupai la ligne du trio. Un instant s'évanouit la voix nasarde, mais elle reprit de plus belle après notre passage. Plus loin, quand il ne pouvait plus être entendu, mon frère la parodia. Sa faculté d'imitation le faisait rire avant même de commencer.

A une bifurcation, une promeneuse chapeautée, sortie du chemin de droite, nous demanda la direction du Pic-aux-Loups. Mon frère crut la savoir et se masqua les lèvres, le pouce et l'index en accolade pour réfléchir. Sa main libre oscillait pour faire patienter la promeneuse, lorsque la famille au complet nous rejoignit. L'homme au piochon s'arrêta tout près de mon frère, au lieu de nous dépasser. Il se retourna sans un mot, cherchant dans le paysage le motif de notre halte. Les autres l'imitèrent. Distribués en demi-cercle, on aurait cru que nous nous étions fixé rendez-vous à l'embranchement ; que nous avions décidé de nous réunir pour écouter religieusement, depuis la meilleure place et à la distance idéale, la basse essoufflée qui, en bas, se mit à psalmodier. Une fois par an, pour fêter la Saint-Georges, on retirait de l'hospice départemental le dernier représentant de la colonie russe implantée autrefois, on l'amenait au village, et des haut-parleurs disposés le long de la route transmettaient son chant dans la vallée.

L'éloignement diminuait les aspérités de la voix et gommait les reprises de respiration. Nous formions une assemblée muette, où chacun, ignorant ce qui nous avait réunis, semblait avoir oublié qu'il allait son chemin. Seule la promeneuse solitaire continuait à s'agiter. Elle jetait des regards effarés à droite et à gauche. Puis elle redemanda, cette fois s'adressant à l'assemblée entière, où était le Pic-aux-Loups. Le père et le fils se mirent à parler se chevauchant, la jeune fille en relevant la tête tourna les yeux de mon côté et me fixa aveuglément, distraite, enfermée, avec une poignante et ingrate sensualité. Elle paraissait vingt-trois ans, elle détestait cette nature, peut-être toute nature. Le visage de Chloé avait cette amertume. Et le visage de la mère la folle sécheresse que j'avais connue sur celui, trop maquillé pour une tête si ténue, de la mère de Chloé.

A l'instant où, agacée par cette promiscuité, la mère me contourna pour s'engager dans le chemin de droite, la jeune fille grimaça en me regardant. Je soutins son regard. Elle se détourna pour respirer les fleurs déterrées par le chef de famille. La promeneuse solitaire, abandonnant son projet, annonça qu'elle redescendait vers le village. Pour éviter toute compagnie, nous prîmes le chemin de gauche, le plus facile. Je suggérai à mon frère de réduire la promenade. Au lieu de notre grand tour jusqu'aux crêtes, nous nous contenterions d'atteindre la bergerie comme on l'appelait, un tas de pierres effondrées qui dessinait les traces d'un quadrilatère.

Mon frère s'assit le premier et je m'installai comme lui sans me trouver vraiment à l'aise. Un arbre avait poussé où était autrefois l'intérieur. L'arbre ne nous donnait pas d'ombre. Nous avions vue sur la vallée et la remontée d'en face à bonne distance. A mi-hauteur sur l'autre versant, un homme criait. Chaque dimanche, le Pointu, comme on le surnommait, simulait un procès contre le maire, en ce moment il plaidait la défense. Installé dans ce village depuis l'automne précédent, mon frère avait obtenu l'emploi de bibliothécaire roulant, et il promenait sa bibliothèque à travers la vallée. Il n'aimait pas les gens du village. Il cherchait où il voulait vivre. A la jeune fille croisée peu avant il trouvait un air insultant de future mal mariée. Elle n'était pas d'ici. Son désarroi, il l'attribuait à la fureur que la promenade inspire à certaines gens. Quand je le lui demandai, il ne se souvint pas s'il avait jamais vu Chloé. – L'amie d'enfance de Mayotte, dit-il machinalement, et il se tourna vers moi, comme s'il s'était trompé. Dès que nous parlions de notre sœur Mayotte, il se montrait hésitant, car il l'avait à peine connue. Elle était morte à vingt ans, nous étions nés à dix-huit mois d'écart, mon frère était plus jeune de quinze ans.

Le soleil donnait à plein. Nous restions là. Nous attendions midi, la sueur glissait des épaules jusqu'aux reins. Les deux voix s'étaient tues, le chantre et le redresseur de torts. Je m'endormis très peu de temps, mais cela suffit à m'apaiser. Lorsque la jeune fille avait levé la tête, j'avais craint, entre son visage bouffi d'émotion et celui de Chloé, une ressemblance plus profonde ; si profonde qu'elle fût inoubliable. Mais elles ne s'apparentaient que par ce pli de la bouche, une grimace pieuse, issue de l'enfance, de la soumission, de la fureur. Je me souvins d'avoir vu, publiée dans un journal, la mort de mon oncle, mais ce jour-là, très lointain, cela ne m'avait pas inquiété puisque, tandis que j'étais en train de lire l'annonce de son décès, mon oncle se tenait en face de moi et pouvait m'expliquer que nous portions un nom très répandu. Seulement les homonymes ne sont que des clowns sans poids et sans douleur de chair, tandis que certains disent que les morts ont leur double comme les vivants leur ombre, ma mère me rapportait cette croyance autrefois. Elle ne la rejetait pas. Et je l'avais comprise ainsi : j'avais cru que le double ne pouvait être délivré dans le monde qu'après la mort de son modèle. Étendu sur les pierres, soudain je cerclai deux doigts comme une statue indienne peut mimer un oiseau et je fis un mouvement de la main : je repoussai la mort d'un geste. Je répondis à l'invitation lancée par le regard du double. Chloé ne mourrait pas avant que je l'eusse revue.

Un après-midi auprès de Chloé : un espace plus profond que large et saturé de bruit, un de ces appartements de location qui résistent mal aux assauts de la chaleur et du froid, où régnerait, en l'absence de son mari, une austérité poisseuse. C'est ainsi que je me figurai la chose dans les mois qui suivirent. Et, après mon arrivée, elle qui continuerait à vaquer quelque temps à l'une de ses tâches quotidiennes, pour que mon retour s'intégrât sans la bouleverser à une journée réglée de la vie ordinaire. Plus de patience de sa part, de la mienne, que d'affection retrouvée.

Entre la Saint-Georges de cette année et septembre de l'année suivante, la grimace de son double vint plusieurs fois furtivement me rappeler l'échéance : je devais, immédiatement et sans délai, me mettre en route, aller à Bougival pour voir Chloé vivante, comme s'il y avait espoir que la rencontre prolongeât sa vie. Mais nous ne nous étions pas revus depuis douze ou treize ans, il fallait la prévenir de ma visite. Et il me suffisait de m'arrêter à cette pensée pour qu'aussitôt le regard absent de la jeune fille apparue sur le sentier de montagne, mémorable par son bleu, me rappelât la vieille croyance et m'annonçât la mort survenue, sans doute quelques minutes plus tôt. L'instant d'avant, je croyais pouvoir encore l'empêcher, l'instant d'après, il me signalait que je ne pouvais plus rien. Ainsi, longtemps la confusion du message me permit de biaiser. Ma promesse n'avait pas eu de témoin et, durant cette période, je ne demandais à personne des nouvelles de Chloé. – Qui aurais-je questionné, du reste ? Ma mère, qui avait entretenu longtemps une correspondance avec elle, ne la mentionnait même plus.

Quand enfin je me pliai à l'invitation, je n'imaginais plus le décor de notre rencontre, cette pièce étroite et perméable où Chloé nous installerait pour une conversation cahotante. Non, j'imaginais un de ces rendez-vous fixés trop longtemps à l'avance, quand ils échoient les parties sacrifient sans humeur à une obligation ; et quel épuisement après coup !

J'avais envie de partir en voyage durant ce mois de septembre. A tout hasard une femme que je n'attendais plus me téléphona une nuit, vers quatre heures et demie, pour m'annoncer à travers un hachis de paroles et des sanglots en canonnade que son mari venait de lui interdire le domicile. Voyant la nuit perdue, et, par ricochet, la journée amère du lendemain, je répondis avec tout l'agacement que je pensais pouvoir transmettre à l'oreille vacillante, mais je répondis oui, lorsqu'elle me dit qu'à cette heure et dans cette ville je restais le seul à partager une telle détresse. Cette ville, chère Sophie, est-elle donc réellement si petite ? Je me rhabillai en ratiocinant : – cette ville est vaste comme une chambre si l'on y a longtemps vécu ; elle ne compte pas d'infinis trajets ; on ne fait qu'aller d'un coin d'une pièce à l'autre en parcourant ses rues ; les immeubles ressemblent à des colifichets racornis ; courir vaut mieux que d'y marcher ; sauf que, dans l'étincelle de la course, les visages inconnus que l'on croise s'évident pour resservir à d'autres, ah de bien connus ; une physionomie aperçue repeint l'histoire d'une vieille brouille, d'un abandon, d'une traîtrise. – Je me rhabillai, j'illuminai l'appartement entier où un couloir s'étire entre deux chambres, allant et venant d'une pièce à l'autre, dans une attente d'autant plus exaspérée que j'avais deux ans plus tôt présenté comme une heureuse issue ce dont on me faisait aujourd'hui le témoin passif. Celle qui entra, hâve comme l'aube, s'endormit sans un souffle : ses dernières forces s'étaient épuisées dans la traversée de trois ou quatre arrondissements.

Le soleil était déjà haut lorsque je quittai le lit où la femme continuait de dormir après avoir souvent trébuché contre moi demeuré habillé et vigile. (M'étais-je si loin perdu dans ma pensée ?... Probablement je m'étais rassoupi...) Me glissant jusqu'au bas du lit pour éviter en l'enjambant de la faire tomber, accomplissant chaque geste avec des précautions de rat d'hôtel, je passai la porte et m'en allai acheter le journal. Les trois prostituées de la rue tenaient déjà leur poste, chacune en faction dans son embrasure. La plus belle, la plus glaçante aussi, me coupa la route pour profiter du soleil sur l'autre trottoir ou pour s'adresser dans le langage de l'abbé de l'Épée au chien raidi sur la banquette de sa voiture. Il se tenait auprès d'un fauteuil de bébé. Entre ses passes, elle venait lui faire mille signes à travers la vitre. Comme chaque matin je la saluai. Je marchais doucement et je prenais un étrange plaisir à la lecture dehors du quotidien.

Marches et arrêts : je prolongeais ce plaisir que redoublait la sensation carnavalesque – d'autant plus friand qu'elle était niaise – d'être protégé par la présence dans mon appartement de la femme, devenue depuis longtemps indifférente, qui m'y attendait presque, puisqu'elle y dormait. Et je continuai en zigzag, d'un tronçon de rue à l'autre et à la suivante, où je rompis la double haie d'une dizaine de personnes venues en sens inverse, toutes habillées de couleurs claires avec des fantaisies, comme le canotier d'un jeune homme ou, dans les cheveux des filles, des rubans en corolle. Abasourdi par le concert d'avertisseurs d'une théorie de voitures, je laissai ma lecture. De la plus gironde sortit un marié aux cheveux noirs raccourcis de frais et à la mâchoire isocèle, de la suivante l'épousée, entre le saisissement et l'exaspération que me procura sa mine de dégoût, prodigieusement indécise. A l'instant où, sur le trottoir opposé, la configuration du cortège me laissa la place de m'infiltrer, j'eus envie de saluer cette image de réconciliation, de féliciter les mariés comme si, naviguant sur un bras mort, j'apercevais le cours commun. Le marié me rappelait Kerouana, lorsqu'il s'était présenté à moi pour m'annoncer que ma sœur avait *disparu*. J'avais compris, à son allure sans doute, dans l'instant même où je faisais sa connaissance, et avant de saisir la signification irrévocable de ce qu'il venait me dire, que ma sœur l'avait aimé. – Mais il n'y avait là qu'une vague ressemblance. Je ne sais pas ce qui me poussait à quitter mon trottoir, j'aurais été ridicule de vouloir me mêler au cortège.

Et pourtant on s'approcha, on s'inquiéta de savoir si je faisais partie des invités. Sans pouvoir distinguer qui, d'un huissier prévenant ou d'un membre affable de la famille, attendait ma réponse, je vérifiai ma tenue. Je passai la main sur mon visage râpeux, je regardai le bas du pantalon que je portais chiffonné de la veille. Depuis de longues années, au fait, si je me tenais à l'arrêt dans un endroit qui ne m'est pas familier, je m'attendais à ce qu'on me demandât ce que je venais foutre là. Sitôt que j'étais hors de chez moi, je ne me sentais plus le droit de ne pas bouger, mais au contraire le devoir d'avancer sans cesse et le plus rapidement possible. Cependant je pourrais compter ce matin parmi les plus extraordinaires puisque, après un moment de stupeur, je répondis tranquillement au préposé trop aimable pour un fonctionnaire ou à l'invité strict comme un employé de mairie, je déclinai son invitation et, devant lui, je repris la lecture du journal, avec le même plaisir qu'auparavant. Je continuai d'éplucher l'information. Je me tins longtemps debout contre un arbre. Je ne me promenais pas, je stationnais le temps de lire un article puis un autre ; changeant de place sans inquiétude pour attaquer une nouvelle page, accoudé par exemple à une rampe d'escalier dans une galerie marchande. Si je levais les yeux, je regardais comme les uns déambulaient, riches de leur passé, tandis que d'autres s'avançaient alarmés et brûlants vers la rencontre qui, juste là, pouvait advenir.

A la fin, je m'arrêtai en face d'un mur où transparaît encore la trace d'un grand aplat outremer avec, en lettres blanches atténuées, LITHOGRAPHIE, PLOMBERIE. Et de nouveau je me souvins de cette circonstance où le nom de mon oncle était apparu dans la rubrique DÉCÈS, alors qu'il se trouvait en train de boire son apéritif devant moi. J'espérai traverser un instant analogue, avoir sous les yeux une de ces histoires d'homonymes qui provoquent les émotions par l'absurde. Mais, tout en bas de la page, les éléments de description, le lieu même de l'assassinat, forçaient la reconnaissance et ne laissaient aucun doute possible sur l'identification : la victime était un homme que j'avais plusieurs fois rencontré.

D'un café, pour ne pas déranger le sommeil de la femme-devenue-indifférente, j'appelai celle qui autrefois m'avait présenté la victime. Informée depuis quelques heures, elle était davantage émue par la fulgurance de l'événement que par l'irréparable, et déjà associait à celle-ci d'autres morts, survenues dans la période, qui s'expliquaient par la conjonction des planètes. Sa liste, ses considérations astrales, sa résignation m'écœuraient. *** avait mon âge, sa mort m'effrayait parce qu'il m'avait inspiré une répulsion d'emblée : dès notre rencontre je lui avais donné tort pour la vie. En parlant il se penchait comme s'il voulait vous délivrer à l'oreille des secrets de collège, et son secret n'était que l'amertume. Je l'évitais si l'occasion nous confrontait. A table, chez des amis ou dans un restaurant, je me plaçais à l'autre bout ; de là-bas ses sarcasmes suffisaient à me convaincre que je serais le survivant des deux. Et ceux qui un jour avaient parlé de lui, le disant en perte de vitesse, ou répétant que depuis quelques mois il ressassait ses romances, avaient conforté mon pari.

A présent j'avais gagné, et *** cessait de m'être indifférent. J'en oubliai la femme endormie chez moi, je restai dehors. Les prostituées ne travaillaient le samedi que jusqu'à la mi-journée, elles s'arrêtaient ponctuellement à midi moins le quart. La rue était vide. La faiblesse des bruits et leur fugacité – un aboi étouffé comme venu d'un placard, une ambulance au loin dont les appels ressemblaient à un chœur d'enfants, le tintement d'une fenêtre – la transformaient en un étranglement de pierres. Désarçonné par le fatalisme de l'amie commune, suffoqué que la nouvelle m'eût attendu à la toute fin du journal, je voulus poursuivre à l'air libre, me nettoyer en marchant. En fait, je décrivis deux fois un périmètre de promeneur de chien autour de la maison.

Alors j'allai vers le boulevard, espérant dans une artère plus vaste pourvoir reprendre ma respiration. Mais à peine avais-je dépassé mon immeuble que je vis sortir d'une porte, comme s'il s'était tenu en embuscade jusqu'alors, un homme, les mains dans le dos, allant son chemin d'un pas très ferme, avec le genre d'habits que portait le mort, et pareillement voûté. Le même gabarit, la même cendre aux cheveux, et des mèches et des mains cousines. Mais tant d'alacrité dans la démarche que je n'aurais pu le rejoindre qu'en courant. Je ne le dépassai pas, non de peur de perdre mon illusion, c'était physiquement impossible vu l'exiguïté du trottoir. Il m'aurait fallu bondir, escalader des véhicules très serrés les uns contre les autres pour le bloquer et le tenir en face de moi. Sur le moment j'étais halluciné, mais je n'étais pas curieux. Entraîné plutôt, tiré par les jambes, je l'aurais peut-être suivi, peut-être à travers la ville, si l'autre n'avait été si pressé, si prompt à tourner l'angle, à déboucher sur la grande place, à disparaître sous terre par un escalier.

Je n'avais jamais connu de sosie à *** tant qu'il avait vécu. Je retournai à l'appartement et je pénétrai dans la chambre où reposait la femme-devenue-indifférente, avec l'intention de l'interroger sur le mort. Dès que j'entendis le mouvement des draps, je lui demandai si elle se souvenait de ***. Elle leva les yeux au plafond. Son menton se creusait vers le centre, comme si elle allait pleurer de ses rêves ou des péripéties de la nuit. Sa voix manquait de salive et je partis lui chercher de l'eau. Quand je rapportai une carafe je la trouvai de nouveau plongée dans le sommeil. Après quelques minutes, elle tourna la tête dans la direction opposée au mur, les yeux perdus à la hauteur de mes genoux. Je me détournai de ce regard vague pour suivre la progression lointaine des voitures ou, assis dans le fauteuil de rotin, fixer le miroir incliné reflétant la perspective d'immeubles périphériques. Elle se recouvrit le visage, par instants elle sanglotait. Mes pensées s'émiettaient, comme si la journée, ayant bondi d'un coup, ne me laissait que la fièvre du crépuscule. Je regardais le corps enfoui. Cette femme réclamait trop de soin pour m'innocenter de la mésaventure survenue dans la rue. Imaginons notre conversation jusqu'à cinq heures, dès qu'elle serait levée : elle s'en irait ensuite, et la nuit d'automne serait là. – Elle m'aurait entraîné dans un square pour peser avec moi les risques et les avantages de son retour au domicile. Et moi d'opiner, rabrouer, hocher, sourire, faire voleter mes mains, interrompre pour dire inlassablement « rentre chez toi, je te dis, rentre chez toi ».

Mais je voulus savoir si elle avait déjà croisé des morts peu de temps après leur décès, à quoi sans rabaisser le drap elle répondit *c'est dans l'ordre,* et aussitôt récupéra cette respiration plus sourde, qui l'isolait mieux que le drap, et mieux qu'une porte ne l'aurait fait. Plaignant la foule des promeneurs et des endeuillés, passibles, à la croire, de si fréquentes atteintes, je m'appuyai contre la vitre. Puis, quand elle fut bel et bien rendormie, je passai dans l'autre chambre. Après m'être rasé je sortis très doucement.

Je m'en allai, mais sans savoir tout à fait que j'allais rendre visite à Chloé. Sur le seuil, je murmurai son nom. Ou est-ce le nom qui se murmura de lui-même ? Je glissai dans ma décision. Car il n'y eut pas d'effort. Je traversai la ville sans rien voir, et le voyage me parut aussi peu mystérieux que si j'avais pris le train chaque jour à Saint-Lazare. (Au moment où je quitte cet appartement je me rappelle que, revenant de ma visite à Chloé, je trouvai des fleurs déposées sur le paillasson, des fleurs que sans raison j'avais assimilées depuis toujours à des emblèmes de deuil ; elles étaient jaunes et je n'en savais même pas le nom. Je les mis dans une jatte poussiéreuse. Devant ce cadeau je changeai d'opinion sur la femme venue s'abriter chez moi : désormais je la trouvai délicate, et c'est toujours ainsi que je me souviendrai d'elle.)

Je dormis quelques secondes dans le train et quand je me réveillai la banlieue était devenue les environs. De Vaucresson, quelques minutes plus tôt, je voyais encore Paris tout épatée, la tour Eiffel en son milieu. Maintenant les communes s'entremêlaient et les démarcations avaient disparu. Au sortir de la gare, je lus Louveciennes en haut d'une plaque, alors que j'étais descendu à Bougival. Je ne savais plus où me tourner. Machinalement je situai Bougival de l'autre côté de la colline et je m'engageai dans le bois domanial.

Le sentier avait la forme d'un berceau. Au loin des scies à bois couinaient comme des fanfares d'automne. Ma sœur savait déchiffrer ces croix bleues, ces croix vertes peintes sur les arbres, ce morse de la promenade. Allant toujours en tête quand on nous obligeait, enfants, à partir marcher ensemble, elle semblait sûre de ne pas se perdre, tandis que moi je me fourvoie à la première bifurcation. – Avant le fort du bois je vis jaillir une brune qui, en dévalant la pente, lança le bonjour enroué qu'on dit dans la campagne. Elle le hoqueta sans bien l'articuler. A cet instant je projetai le bras pour freiner sa course et je lui demandai mon chemin : me croyant à Bougival, je n'avais repéré aux alentours que des rues appartenant à la commune de Louveciennes... Elle me parcourut, et sa méfiance tomba. Sur ces deux communes pas plus grandes qu'un pré carré, une rue pouvait filer en droite ligne sous le même nom de l'une à l'autre. S'enfoncer dans le bois lui parut si absurde qu'elle insista pour me servir de guide jusqu'aux abords de la rue du Docteur-Duborgia où, dans un pavillon qu'une allée de ciment et un gazon écartaient de la route, Chloé s'était installée avec le défroqué six ou sept ans plus tôt. J'y avais été invité par Chloé, ou plutôt par le défroqué lui-même. Avant de l'épouser, Chloé, soucieuse de lui faire connaître le frère de celle qui avait été sa meilleure amie, avait organisé notre rencontre. Elle n'y était pas venue, ce qui nous avait valu une heure en tête-à-tête dans un café près de la rue Montmartre, où je me rappelle avoir dit et redit que je n'avais avec ma sœur aucune ressemblance physique. Il m'avait paru si rébarbatif que j'étais décidé à ne jamais donner suite à l'invitation.

Je venais de me rendre à l'ancienne adresse, j'aurais pu le deviner, rien qu'aux trois meubles, placés là en exergue, qui s'entassaient derrière la porte grillagée. Ils me faisaient signe pourtant, ces meubles abandonnés, bien reconnaissables à leur laideur, qui dataient de notre enfance. Ils provenaient de la villa Ninove. Ma mère s'en plaignait, ma sœur s'en plaignait, et moi aussi lorsque à mon tour je devais en défausser le mécanisme coulissant. Nous les avions souvent trimbalés d'une chambre à l'autre de la villa Ninove, qui était notre maison de vacances, parce que ma mère refusait de les jeter, même si elle les trouvait hideux, ne voulant pas admettre qu'elle avait fait un mauvais achat. Ces *rangeoirs* les plus mal pratiques, elle avait dû les céder à Chloé lors de son mariage, pour en finir avec eux.

Les meubles me servirent d'introduction et d'excuse, quand je découvris la locataire qui nettoyait le potager de l'autre côté de la maison. Elle s'essuya une main sur un tablier de plastique, mais elle ne me la tendit pas. Avec des respirations lourdes elle chercha longuement la date du départ de Chloé. Son index accomplissait de petits cercles à la hauteur des tempes pour parcourir les années à l'envers. A nos pieds, les feuilles pourrissantes de salades scintillaient comme des poissons morts. Elle me demanda, avec un accent qui la rendait plus douce, si l'année bissextile c'était deux ans avant ou une année plus tôt. C'était deux ans avant. Et aussitôt sa chronologie se remit en ordre : elle avait déniché ce pavillon, voilà vingt-huit mois pour être exacte, par des amis du défroqué (elle-même utilisait ce sobriquet). Chloé était partie de son côté. Quelque temps on lui avait fait suivre du courrier à Sarcelles, où les logements coûtaient moins cher. Après la séparation, elle avait un matin vidé la maison et chargé seule une camionnette, sans réclamer ni accepter l'aide de personne, en confiant aux nouveaux locataires ce qu'elle n'était pas arrivée à y caser.

Elle s'était donc lassée de ces grandes boîtes à désordre, comme elle s'était lassée du défroqué. Je voulus savoir si elle avait eu des enfants. Curiosité qui me vint sans doute à la vue d'un tricycle, pendant que j'attendais la femme, rentrée dans la maison pour me recopier la nouvelle adresse de Chloé. D'une voix changée, elle affirma en ressortant, au lieu de me répondre, de me dire si Chloé avait eu des enfants, que ce jouet-là appartenait à sa fille, seuls les trois meubles à abattants lui avaient été abandonnés ; et s'ils obstruaient encore l'allée, c'était à cause de son mari, trop paresseux pour se renseigner sur la date de passage de la benne à décombres.

Elle s'excusait d'avoir perdu l'adresse de Chloé, quand deux beagles ridicules introduisirent une petite fille enfermée dans la mélopée monotone d'un soliloque. Semblant s'adresser aux chiens plus qu'à l'enfant accrochée à leur laisse et soumise à leur course, elle ordonna au trio de rentrer. Soudain apeurée, elle se recula, convaincue que j'étais venu repérer les lieux dans l'intention de la cambrioler. Je lui dis au revoir. Plus loin, comme je m'arrêtai une dernière fois devant les meubles, elle accourut. Dans un mouvement de colère prompt et désordonné, elle souleva l'abattant de l'un d'eux pour l'enfiler sous le couvercle, mais il se coinça en grinchant dans la glissière. Au lieu de suivre son guide, il heurta la planche supérieure, qu'il entraîna dans sa chute et, tandis que l'abattant et le couvercle s'effondraient à nos pieds, la vis en simili-cuivre frappa le mocassin charbonneux de la femme. Dans le fond du meuble apparut une feuille coincée entre les deux niveaux, noueuse d'humidité.

Elle avait le format de ce papier à lettres qu'on remet aux enfants pour qu'ils donnent des nouvelles quand on les envoie en voyage. L'avenir, ronéoté, y était écrit, en cursive, dans le style d'une autre époque. Le texte, encore lisible, était destiné à une lectrice, mais l'auteur, impuissant à lui accorder vingt ou soixante années futures, la mettait en garde pêle-mêle contre l'alcool et la paresse dans les études, contre la rancune, la surexcitation ou l'abus des voyages. Rubis, indigo, 8 et mardi, du côté de ce qui portait chance. Des étoiles rouges séparaient les rubriques.

Je saluai de nouveau la femme, mais quand j'eus franchi la porte, elle me suivit des yeux derrière le grillage pour bien garder ma silhouette en mémoire, jusqu'à ce que je ne fus qu'un point au bout de la rue du Docteur-Duborgia, et elle avait rappelé près d'elle ses deux chiens aux jappements de poupées mécaniques. Plus loin, tandis que ma main serrait la feuille de l'horoscope comme un sésame, une lame de soleil sur ma chaussure, une feuille d'arbre couleur de cendre me transportèrent simultanément jusqu'à l'année suivante et vers l'année d'avant. Je me crus en mai de l'une ou de l'autre et, si j'étais en retard, ou si j'avais laissé passer le temps, il en restait encore un peu avant le jour où l'on était arrivé, oh cette pensée très vite. Alors je me raccrochai au garde-corps qui traversait une rue à pic en son milieu et, tout en bas, semblant m'attendre à l'arrivée d'un funiculaire, un homme m'intercepta au-dessous d'une grande affiche pour des matelas, devant un panneau **STOP**, un homme gigantesque qui me tendit une canette de bière, proférant et ceci et cela, et moi, comme un coureur, j'en happai une gorgée au passage, qui me ramena impérieusement au sens commun.

J'achetai la carte de l'agglomération dans une maison de la presse, je l'étalai sur une table de café pour étudier le trajet de Bougival jusqu'à Sarcelles en évitant Paris. Tantôt je l'étudiais, tantôt, tenant mon verre de vin avec précaution, pour qu'il ne s'épanche pas sur la feuille fibreuse de l'horoscope, je relisais la plus ancienne biographie de Chloé. Elle avait été rédigée par la voyante d'un cirque de passage où ma mère nous avait emmenés, voilà un quart de siècle. Il y avait Chloé, il y avait ma sœur à cette séance. D'où me venait la certitude que l'horoscope était destiné à Chloé, il ne me la décrivait pas mieux que ne l'aurait fait le portrait chinois d'un inconnu ? – Mais il me signifia que j'avais gagné mon pari et déjoué la vieille croyance qui unit les doubles avec les morts. Je lui prêtai même le pouvoir mathématique de prouver que la probabilité d'apprendre une mort l'après-midi, quand la presse du matin m'en avait déjà annoncé une, était nulle.

L'itinéraire établi, il me fallut trouver une voiture. Une manière de se coiffer visiblement apprise entre sept et dix ans accentuait la tristesse climatérique qui avait envahi les traits du garagiste à qui je m'adressai. Après qu'il m'eut détaillé les inconvénients de chacun de ses véhicules, je constatai que j'avais oublié mon permis de conduire. Il rangea la paperasse et se retira. Un peu plus tard il revint, se mit à faire vibrer sa main à l'horizontale et sortit d'un tiroir une liste de tarifs-luxe sans plus d'explication, à quoi je répondis *ce que vous voudrez*. Il me reprit la feuille, l'œil toujours plus las, repassa derrière ses établis noirâtres et me présenta sa belle-fille, venue d'une officine invisible, une grande maigre revêtue d'un gilet de laine à coudières, et dont un sourcil, pareil à une patte d'araignée, descendait jusqu'à l'œil. J'allai bénéficier à travers cette créature, qui m'évoquait la vieillesse de Peter Pan, d'un chauffeur à la journée. Le beau-père ouvrit la porte arrière d'une voiture bien plus imposante que celle premièrement choisie. Je me tournai vers la belle-fille et lui dis ridicule en saisissant la poignée à l'avant.

Longtemps nous voyageâmes en silence, une fois donnée la direction. Nous formions un couple grotesque. J'étais obligé de murmurer piano piano pour calmer sa conduite saccadée ou pouvoir consulter le plan. Ma confiance en elle s'évanouit dès que je compris ce double embarras : mon chauffeur ne respectait pas mes indications et, quant à moi, j'ignorais l'adresse où nous nous rendions. On traversa Croissy à faible allure, elle ne cessait pour m'obéir de repasser les vitesses pendant que j'essayais de rassembler ma pensée, mais on confond le rythme et la pensée, ralentir ne faisait que m'embrouiller davantage et je lui dis de réaccélérer. Alors elle me conseilla de prendre le temps comme il vient, elle me servait de chauffeur par intérim, elle n'avait pas l'aisance d'un attitré. Il fallait s'en accommoder ; comme il fallait s'accommoder d'elle, lunaire géante, autoritaire et taciturne.

Lorsqu'elle me demanda soudain de préciser, Vieux Sarcelles ou Les Lochères, je lui dis d'arrêter. La voiture stationna devant un bras flegmatique de la Seine, près de l'île des Impressionnistes. Je sortis. Elle me suivait à quelques mètres. Pour creuser l'écart, j'accélérai. La distance entre nous était la distance exacte séparant deux personnes qui se contraignent à une promenade commune et qui ne pensent qu'à partir chacune de leur côté. Notre voyage n'avait pas duré plus de vingt minutes, mais j'éprouvais du bonheur à me dégourdir les jambes. Mon chauffeur me rejoignit pour me faire avouer que je ne connaissais pas l'adresse de la course. Elle se voulait coopérante et, battant des paupières parce qu'elle avait les yeux irrités par ses lentilles, me suggéra l'annuaire où j'avais déjà vérifié, pendant la disparition du garagiste, que Chloé ne figurait pas. Immobiles sur le bord du talus, nous dressions un catalogue de recours : la mairie, le commissariat. Elle objectait que l'état civil était fermé le samedi après-midi et le passage par le commissariat me répugnait : on y répond lentement, dis-je. Elle : pas si lentement que nous roulons, pour que sa complicité d'un instant ne me fît pas oublier l'assise de nos rapports. Mon absence de réaction l'intimida. Je remarquai que si je demeurais taciturne elle baissait la tête. Le temps passait. Sur le balcon en encorbellement d'une villa riveraine, une étrangère, émouvante et souple (de ces visages aperçus du côté du Frioul), aiguayait puis étirait un linge tout en parlant avec un enfant invisible de l'autre côté de la porte-fenêtre. Je me hasardai à lui demander conseil. Mais je parlais trop vite, ou l'étrangère ne rentrait qu'à moitié dans mon exposé qui s'embrouilla, lorsque, essoufflée sans doute par mon énumération, elle me pria de répéter. A force d'écarter par avance les solutions les plus simples, je ne lui laissai plus le loisir d'en inventer, et elle n'eut en définitive qu'un sourire et un très faible mouvement de la bouche pour répondre, m'avouant qu'elle ne connaissait mais rien de rien des environs.

Sur sa terrasse, en face de l'île, l'Autrichienne, accoutumée à la douceur de la réticence ; au bout du chemin, sur le ton d'une protestation maladive, mon chauffeur, me demandant si nous allions repartir ; jusqu'à Chatou, un moment de trêve. Là, j'eus l'idée d'appeler ma mère. D'un café de boulistes, où les trophées des gloires de l'Ile-de-France remplissent trois étages sur le mur du comptoir, je réussis à obtenir la communication avec Bruxelles. Ma mère était fatiguée. Elle me concéda que si elle continuait encore à correspondre avec Chloé, c'était pour ne pas l'oublier, et qu'elle espérait chaque fois ne plus recevoir de réponse. Elle me dit que dans la dernière lettre, datée de quelques mois, Chloé lui apprenait qu'elle gagnait sa vie en peignant des foulards de soie. Elle me déconseilla d'aller la voir et, après quelques précautions de langage, me confia que Chloé avait perdu la tête et qu'elle ne lui écrirait plus.

De son côté mon chauffeur avait bâti un roman d'amour entre son client et celle que nous cherchions. Un peu plus loin, entre Argenteuil et Enghien, elle réclama une bière. Détendue une fois désaltérée, elle me suggéra d'emmener mon ancienne amie passer la soirée au casino, où je pourrais récupérer l'argent gâché dans la location d'une voiture de place... Comme je la pressai de finir sa bière, elle me félicita de m'être enfin décidé à aller quelque part.

C'était donc aux Lochères, et l'on gara la voiture devant un PMU. Des gens immobiles, attroupés par trois ou quatre, nous dévisageaient. En présence de mon chauffeur, le temps que nous fixions la durée de son quartier libre et notre point de rendez-vous, je supportai la chose ; après qu'elle m'eut quitté, se précipitant toute frémissante dans la salle surchauffée des turfistes, pour y jouer une combinaison donnée par son beau-père, je me retrouvai en face de personnages qui semblaient à la tête d'un empire de combines, claquant des doigts ou bien criant « hé les oiseaux ! » pour se réunir en conciliabule, et qui me regardaient jusqu'au fond de l'œil. Même en traçant de l'ongle sur un coin de bois l'itinéraire que je leur demandai jusqu'à l'allée Rodin, ils ne cessèrent de me détailler.

Ce voyage avait autant duré que si j'étais venu depuis Paris à pied. J'attaquai l'escalier qui sentait la Javel mentholée, et puisque aucun tableau d'occupation n'était affiché à l'entrée de l'immeuble, de porte en porte je sonnai cinq ou six fois. Trois personnes acceptèrent de me parler et aucune ne connaissait Chloé. Sa boîte à lettres était assouplie par la rouille. En faisant le tour extérieur, j'identifiai son logement à trois foulards verts et bruns exposés derrière une vitre dépolie. Il se situait dans le couloir gauche du troisième étage. Mais, quand je revins allée Rodin, à mon point de départ, deux quinquagénaires obstruaient l'entrée principale, l'un faisant quelques pas, l'autre le rappelant une fois, deux et encore une autre, un sépharade à chapeau noir et l'autre tête nue, voix chafouine et mastiquante. Je ne voulus pas passer en travers de leur discussion. Je ne sais pas combien de temps j'aurais tenu, soumis comme si je dormais, persuadé que Chloé allait sortir, et de fait elle surgit au milieu d'eux et passa sans me voir. Elle entendit son nom lancé à cinq mètres et se retourna avec une expression indifférente et myope. Quand je me penchai pour l'embrasser, je lui effleurai la joue, et elle, pointée en avant, ne me laissa sentir ni la peau ni le poids du visage. Je déblatérai deux ou trois phrases. Quelques instants le visage en face trembla : j'y cherchais la précipitation cardiaque du temps. Comme les lèvres étaient amincies ! Pour lui faire dégorger une parole d'accueil je poussai un cri d'encouragement aigu et bref. J'étais effrayé à l'idée qu'elle ne me reconnaissait pas. Si j'avais saisi un sourire à l'instant où je m'étais trouvé devant elle, je ne me heurtais plus depuis qu'à un regard vitreux, opaque ou vitreux. J'articulai mon nom. Elle, avançant vers moi la main gauche : pas dehors. A l'instant de la faire répéter, je dis, au lieu de cela : rentrons. Mais elle secoua la tête négativement et se remit en branle. Quand je lui demandai si elle me permettait de l'accompagner, elle accepta, pourvu que ce soit *en silence*. Je marchais sur sa gauche à deux pas en arrière.

Entraîné par son pas, j'avançais comme une mule, et mes pensées arrivaient trop vite pour m'en laisser fouiller aucune. Je n'éliminais aucune des raisons qu'elle aurait de se taire sans pouvoir en formuler une seule. Chloé marchait la tête basse, parfois la renversait, le plus rarement elle portait son visage droit devant. Ses yeux ne se posaient sur personne. Et moi, je ne faisais que regarder, par exemple Henri Poincaré sur un panonceau doué d'un r de trop ;

Chloé habillée de sorte qu'on n'y prêtait aucune attention ; ses bas kaki qui se fripaient vers les chevilles.

Quand nous arrivâmes sur l'esplanade du centre commercial, si je ne savais plus pourquoi je me situais à deux mètres en arrière, désormais, quoi qu'il arrivât, je continuerais. A l'intérieur, je découvris que son silence n'était pas réservé à moi seul. Elle avait son circuit, sa méthode. Elle se renfrognait en posant les fruits sur la balance pour éviter les questions des employés. Comme elle traînait devant le stand des fleurs, je jetai dans le caddy un bouquet de tulipes jaunes déjà enveloppées. Le heurt de la cellophane plastique avec le métal avachit le cadeau. Des fruits bruns, pommes, des légumes, navets, fenouils, et des bouteilles de lait le recouvrirent. Sauf les tulipes, Chloé refusa de me laisser payer, écartant la mienne de sa main un peu ronde. La profusion des marchandises me redonna de l'assurance : nos regards pouvaient se rencontrer, je m'avançai à sa hauteur. Elle acheva le circuit sans avoir eu à renoncer une seule fois à son silence. Avant de sortir, elle ordonna les choses dans le filet, afin de ne pas les entendre se heurter. Durant le trajet de retour elle marcha plus vite encore, du même pas que ma sœur. Le pied venait frapper le sol en une plainte exaspérée. Quelqu'un la reconnut à l'embouchure d'un passage couvert et l'apostropha incompréhensiblement. Ensuite un autre, un homme déjeté, qui tenait son cou de cygne entre les doigts pour le faire se rapprocher de la verticale, accomplit un détour, lui serra la main et repartit en se frottant les paupières pour éjecter une poussière ou lutter contre le sommeil. Il ne la connaissait pas. Elle ne résista pas, ne cherchait pas à comprendre. Aux abords de l'immeuble, allée Rodin, deux femmes, l'une à la fenêtre surélevée du rez-de-chaussée, l'autre dehors partant en course, s'arrêtèrent de parler de leur traitement par piqûres. Chloé leur sourit, hochant la tête exagérément.

Quand elle sortit la clef de sa poche sur le palier précédant le sien, elle se retourna pour m'arrêter de la main. Elle avait le visage fatigué, les narines en sueur, le teint verdâtre du crépi grumeleux autour d'elle. Je posai le coude sur la rambarde et lui racontai précipitamment les difficultés de l'expédition, la journée passée entre Bougival et Les Lochères, guettant une faiblesse de sa part et un attendrissement. Mais, après m'avoir écouté, elle réitéra son geste de la main. Alors je brandis l'horoscope. Elle regardait dans ma direction, ce n'était pas moi, c'était derrière moi qu'elle regardait. Puis elle tordit le cou à la manière des aveugles, tournant la tête vers un des angles de l'escalier. Rien ne laissait deviner qu'elle identifiait la feuille, mais elle marquait de l'hésitation, et je lui emboîtai le pas jusqu'au palier suivant. Dans le couloir nous longions les murs opposés. Lorsqu'elle se faufila, j'entr'aperçus que deux ampoules brûlaient en son absence et que, dans l'axe de sa porte, on s'en allait buter contre un évier. Elle projeta le bras dans ma direction, mais elle n'eut pas la force de m'interdire l'entrée.

C'est moi qui hésitais, qui redoutais les murs sans décoration, les trois mètres sur quatre cinquante de linoléum, la planche sur tréteaux, le pauvre petit lit. Quand la porte fut refermée, je saisis le visage de Chloé, longtemps je serrai sa tête entre mes mains. Ce fut un instant aveugle et vain. Chloé guettait le moindre relâchement de la tension ; dès qu'elle sentit fléchir mes doigts qui l'encastraient, rentrant la tête comme pour se dégager d'une ouverture trop basse, elle recula. Elle alla s'appliquer au mur d'en face. Nous échangions un regard ahuri et pitoyable.

Son corps s'était durci, tendu, en comparaison des années où elle pleurait chaque été un peu plus, où je la jugeais flasque et d'une blancheur maladive, comme ma sœur, l'une et l'autre adolescentes – corps lourds comme des carapaces à protéger seulement des gerçures de l'hiver et qu'aucune maladie n'atteindrait, peaux couleur d'aube sale, veines trop visibles sur les jambes mouchetées de plaques rouges qui restaient de piqûres d'insectes grattées sans fin. Mais dans le regard plus clair de ma sœur, la prescience que la vie serait une zone tangente et impalpable, et dans le regard de son amie de toujours il n'y avait qu'un affrontement opaque. La jeune fille exubérante à qui ma sœur avait promis monts et merveilles, dont elle ne m'avait jamais parlé sans imaginer son grand avenir, était devenue cette femme repliée, atteinte, auprès de qui je ne supporterais pas de rester plus que le temps de l'avoir vue, comme on dit, plus de quelques minutes suffisant à juger de son état. J'avais déjoué le présage paru sur le sentier de montagne. En pénétrant dans le studio des Lochères je prenais la mort en défaut, mais ce que je rencontrais, je ne voulais pas le voir.

Le volume plongeait dans la couleur maigre et désastreuse de deux ampoules, sauf sur le mur perpendiculaire à la fenêtre obturée par des volets intérieurs en bois plein, dans ce trapèze projeté à travers le vasistas de la salle d'eau, filtré et rosé par des foulards accrochés devant la vitre. Le visage de Chloé était venu s'y intégrer, guillotiné, tandis que le corps se perdait dans l'ombre, attiré par la flaque du linoléum qui matelassait le sol. Je ne lui remis pas l'horoscope. Dès que la porte s'était refermée, je l'avais glissé dans ma poche, où il s'abîmait plus vite que durant des saisons entières au fond du meuble venu de la villa Ninove. Il ne nous serait d'aucun secours. Non, aucun souvenir d'enfance ne pouvait plus nous venir en aide.

Chloé repassa dans l'ombre, plongea les tulipes dans l'évier, s'en alla dans la salle d'eau y ranger les provisions, revint mettre les tulipes dans une carafe et les déposa sur le linoléum devant le petit lit. Alors elle commença de parler à mi-voix, et j'ai découvert autre chose que le vide d'un pari gagné sur le temps. Elle me dit qu'elle avait quitté le défroqué et Bougival, parce qu'elle avait presque toujours sommeil, que l'on ne pouvait pas aimer et avoir constamment sommeil, si le sommeil l'emportait il fallait partir et vivre seule ; comme elle vivait dans cette pièce, où s'éparpillaient les instruments pour peindre ses foulards de soie, où il n'y avait de soigneusement ordonné que des piles de journaux de tous les pays, sans autre mobilier que celui qu'autorisent les huissiers.

Elle continua de parler, des langues qu'elle avait étudiées à Bougival dans les années où elle vécut en face du défroqué. Installée à la table, pendant qu'il regardait la télévision, elle engrangeait avec assiduité des listes de mots en suivant l'ordre alphabétique ; plus tard, elle l'envoya tous les soirs chez des amis ; elle le supplia d'aller se promener seul au bois de Saint-Cloud. Les années à Bougival lui firent découvrir l'amour des langues, cet amour des langues que ma sœur avait cultivé dès l'enfance dans ses conversations en anglais et en néerlandais avec la grand-mère de la villa Ninove, et qui pour ma sœur devint cet amour des voyages, et cette décision de poursuivre ses études musicales en Angleterre, et ce désir de vivre toujours à l'étranger. Elle, Chloé, s'était seulement réfugiée dans la lecture éperdue, astreignante, de l'*Herald,* du

Corriere della sera, du *Frankfurter Allgemeine Zeitung*, d'*El Moudjahid*, de *La Razón*, du *Soir* de Bruxelles, dont les exemplaires mangeaient un cinquième de la superficie de la pièce. Depuis qu'elle vivait à Sarcelles, elle perfectionnait sa connaissance des langues en lisant les journaux étrangers ; sa seule compagnie.

Il y avait des mois qu'elle n'avait pas reçu de visite. Privée des repères ordinaires de la respiration, elle boitillait dans les phrases avec le désir oppressé de les continuer, de poursuivre au plus loin, s'y perdant à force de ne plus entendre parler peut-être, et de ne plus parler – de sorte que j'ai oublié beaucoup de ce qu'elle me dit. Et parfois elle s'interrompait pour aller longuement se laver les mains dans la minuscule salle d'eau.

L'absence presque totale de la lumière du jour me donnait l'impression que je ne la voyais pas. Et l'espace détruit par l'accumulation des journaux brouillait aussi ma vision. Chloé les avait gardés pour les empiler devant la fenêtre avant l'acquisition des volets de bois ; ils avaient d'abord servi à la cacher des regards. Par la suite, elle les conserva en prévision d'une époque où elle n'aurait plus de goût qu'à relire, ou plus d'argent du tout ; d'une époque où l'approvisionnement serait rendu impossible, d'une époque où la presse écrite aurait disparu.

Une feuille épinglée au-dessus de l'évier, criblée de cases versicolores et d'indications horaires, fixait les dispositions quotidiennes, selon une grille tortueuse, raturée et pleine d'ajouts. Chloé la justifiait en la détaillant, non pas comme une invention étrange, non, mais comme un bulletin médical qu'on commente avec une inexplicable fierté. Pour l'établir, aussitôt après son installation, elle avait commencé par guetter les mouvements dans l'immeuble et les intervalles sans passage, laissant la porte entrebâillée et cochant toutes les allées et venues jusqu'au soir. Semaines épuisantes passées dans l'angle de la porte, où, si forte lui venait l'envie de crier qu'à la nuit tombée elle retournait à Paris, s'asseoir à une table de brasserie, se confier en portugais à un Brésilien, un homme logique et bon, sans attaches, dont elle ne précisait rien, sinon qu'elle l'avait rencontré dans un escalier, ce qui la faisait sourire. Une fois qu'elle eut consigné tous les moments de silence dans les parties communes, ses horaires de sortie se calquèrent, comme des permissions, sur ces *temps morts.* Elle ne craignait pas tant d'être vue, elle s'en moquait, mais elle ne voulait pas être interrogée, et si elle se mettait à parler il n'y avait plus d'espoir qu'elle ressortît jamais d'ici. Toutes les précautions complémentaires étaient prises : à la gardienne de l'immeuble, il avait suffi de se présenter comme une artiste en mauvaise santé pour être définitivement rangée dans la catégorie des gens pas fiers mais pas causants ; les colporteurs ou les militants qui démarchaient avaient été découragés ; et ses voisins ne se risquaient plus à vouloir entrer en relation avec elle. Par prudence elle se montrait dans les rues le samedi, en allant au centre commercial, afin de n'être pas inquiétée les autres jours, et qu'on ne vînt pas forcer son domicile parce qu'on la croirait suicidée ou définitivement partie. Le reste de la semaine, elle se fiait à cette feuille aux cases versicolores, son indicateur (avec des départs à 7.42, des arrivées à 10.34) qui rappelait le délai à observer pour que le retour, aussi bien que la sortie, coïncidât avec un *temps mort.*

Mais veiller à l'heure exacte, se préparer à sortir, à l'instant d'ouvrir la porte, vérifier qu'elle n'avait pas confondu un jour avec un autre, l'absorbait tant, qu'entre deux sorties elle accumulait un retard sans fin dans son travail et plus encore dans la lecture des journaux. Sans compter l'obligation de se référer aux itinéraires qu'en regard des heures une file de noms propres souvent abrégés, Watt., Desn., Refuzniks..., lui balisait à travers la cité ou une cité voisine, et qui changeaient selon la durée quotidienne des *temps morts*. Son approvisionnement supposait certains jours que, pour ne pas s'exposer à une rencontre, elle accomplît un trajet le matin et un différent le soir, qu'elle se rendît le mardi jusqu'à la Dame Blanche, ou le jeudi qu'elle renonçât au *Primeiro de Janeiro,* parce qu'elle ne disposait pas d'un délai suffisant pour atteindre le point de vente. Aux kiosques, lorsqu'elle passait commande, elle laissait les phrases sans verbe, ainsi on la prendrait plus facilement pour une étrangère. Et, après quelques mois, traçait d'autres périples, variait, puisque, inévitablement, tôt ou tard, les marchands, intrigués par ses lectures, lui adressaient la parole.

En préservant son isolement elle préservait sa faculté de connaître. Connaître, c'était connaître les journaux. Le jour où elle *ressortirait,* disait-elle comme si elle était enfermée, elle saurait des choses du monde exactement où elles en sont. Sans me regarder, fixant, dans le volet de bois qui coupait les bruits extérieurs, une fente qui était un défaut et qu'une bande de papier blanc colmatait, elle évoqua ce jour, qui n'aurait rien d'extraordinaire, où cette étape et cet enfermement seraient finis. Et elle partirait, ce jour arriverait, elle partirait, disait-elle. Si elle ne savait pas quand viendrait la fin, son organisation prouvait que son voyage ici était provisoire, que le séjour aux Lochères n'était pas une disparition sans retour.

Elle lisait les journaux, elle n'était pas devenue

journaliste, comme elle l'avait rêvé, mais elle lisait les journaux, tout, disait-elle, les mouvements depuis Singapour des cargos de la Nedlloyd, les progrès de la destruction des criquets, la cote immobilière à Madrid, à Francfort, les hausses de prix des chambres d'hôtel dans les villes bombardées, au fond ça ne la perfectionnait pas, car les journaux sont ce qu'il y a de plus facile à lire, mais elle se jetait dans la lecture. C'était là, assise au bord du lit, qu'elle recueillait les vibrations du monde. Elle se laissait emporter dans la rivière noire des pages de journal. Leur lecture systématique, relayant la profonde absurdité de leur architecture, lui communiquait une fièvre, qu'elle comparait à l'état de réveil, de plus en plus violente, jusqu'à un instant de dégoût devant les contradictions des informateurs entre eux ou devant la folie des événements. Soudain elle se répugnait elle-même. Elle se croyait contaminée par l'encre qui lui abîmait les mains. Ou bien c'était le nom d'un des acteurs du monde actuel, qu'elle avait murmuré en lisant à mi-voix, qui lui restait dans la gorge et lui faisait mal. Elle se hissait hors du petit lit au centre creusé, et courait se nettoyer, se frotter les mains, mais aussi le visage. Elle sentait qu'au lieu de la réveiller les journaux n'avaient réussi qu'à la plonger dans l'oubli. Et elle revenait, mais alors elle restait dans la chambre, loin du lit, à attendre, prostrée, se préparant en esprit à travailler. Et si enfin elle peignait un foulard de soie, elle avait, un instant, gagné. – De ces foulards voyants et tristes pour une maison de couture, qui fournissait la soie à domicile et, le premier lundi de chaque mois, envoyait le comptable lui régler de la main à la main une somme dont la moitié servait à payer les journaux. – Victoire d'un instant car, entre la lecture et les préparatifs de sortie, elle avait à peine le temps de travailler. Et si ce n'était pas la nécessité de partir qui l'interrompait, c'étaient l'impression d'horreur et le vœu de la dominer qui, après trois ou quatre heures, de nouveau, la rappelaient au bord du lit, où elle retournait déplier les pages, confronter les articles, certains dans des langues qu'elle ne possédait même pas.

Elle était minutieuse, sourde à toute remarque, tant qu'elle exposa son régime. Mais ensuite elle se corrigea, elle avouait qu'il ne servait à rien : elle n'était pas encore seule, sinon elle ne serait pas environnée de cet univers de papier. Si le bord du lit l'attirait chaque fois de nouveau, c'est qu'elle oubliait presque aussitôt ce qu'elle avait lu. De chaque moment de lecture ne surnageait après coup qu'une masse noirâtre où se mélangeait l'encre avec l'horreur du dehors ; et trois ou quatre heures plus tard, elle voulait vérifier sa mémoire. Ou elle utilisait ce prétexte ; en vérité le désir ou la rage d'oublier qu'elle était enfermée dans cette pièce à peindre ses foulards de soie, qu'elle me donna à manipuler, la ramenaient à son lit et à ses journaux. A ta prochaine visite, dit-elle, tu verras que je suis devenue capable de vivre seule. – Non, dis-je, à ma prochaine visite tu n'habiteras plus ici.

Cependant sa parole rendait peu à peu ma présence moins déplacée. Elle longea le volet de bois pour regarder la fente sous un autre angle. Je ne voyais plus alors que le quart de son visage. Et, pour la première fois, elle se tut. Après plusieurs minutes, il me sembla que mes arrière-pensées, tant qu'elle avait parlé, étaient cause de son brusque silence ; qu'elle avait remarqué que je ne l'écoutais plus. Mais ensuite il me sembla que, pris dans mes arrière-pensées, j'avais laissé échapper l'instant où elle s'était arrêtée et le motif de son interruption. Je cherchai à reconstituer une interrogation finale, à me remémorer ses dernières intonations. Faute de pouvoir répondre à sa question perdue ou imaginaire, je lui demandai si elle avait cherché à me faire venir. J'entendis un rebond de son rire merveilleux d'autrefois. Elle n'avait jamais prévu ma visite, mais elle n'en était pas surprise, et ma question la faisait rire. C'était sans importance. Elle voulait m'entendre l'approuver de vivre ainsi. Je répétai ces derniers mots machinalement, et je l'approuvai, à ce moment même je le pensai, de lire tous les journaux. Toi aussi, dit-elle, te voilà plus sage, et elle retrouva une assurance imprévue.

Pour parler en fait de sa difficulté à travailler, de sa faiblesse de caractère, de son peu d'application à lire les articles, alors qu'elle s'était promis d'accumuler plus d'information que n'en posséderait jamais un habitant au cœur de la capitale ! A la fin, elle ne se souvenait avec précision que des bombardements et des faits divers les plus grotesques. Si elle repensait à Bougival, à cette vie qui, pendant cinq ans, n'avait été que sommeil auprès de son pauvre compagnon, il lui apparaissait que sa décision de séjourner aux Lochères, et l'effort qu'elle déployait ici afin de se maintenir en éveil, restaient superficiels, inutiles. Aussi inutile que d'étudier les langues *à perte de vue,* si elle n'y puisait pas le courage de voyager, à l'instar de ma sœur qui avait été la véritable voyageuse. Il ne suffisait pas de se taire, disait-elle, il fallait parvenir à ne plus se parler à soi ; à force de silence, réussir à ne plus entendre *d'écho.*

La bande très mince de lumière se déformait sur le mur en face de moi, avant de disparaître. « Tu m'as demandé, dit Chloé, si d'une manière ou d'une autre je t'ai réclamé. Pourquoi penses-tu que je t'ai réclamé ? Est-ce que tu viendrais de la part du *musicien ?* Quand je t'ai appelé au secours, tu ne m'as même pas écoutée, tu ne m'as pas entendue. Mais je ne te parle pas de maintenant, je te parle d'il y a des années, est-ce que tu te souviens ? » Pris en défaut, égaré sur un territoire sans cadastre, je cherchais un souvenir que je pourrais opposer au sien que je ne devinais pas, j'étais prêt à réinventer un paysage, des circonstances, ressemblant au paysage et aux circonstances de son souvenir, ou un jour de notre enfance ; mais il s'agissait bien de fouiller dans les jours de notre enfance, elle n'avait pu m'appeler au secours que dans une période où notre amitié d'enfance était finie, et je ne trouvais en moi aucune ressource. Alors, comme s'il ne me manquait qu'un détail pour m'assurer que nous partagions le même souvenir, je lui demandai de qui elle parlait en parlant du musicien. Lasse d'avoir à me guider, d'un ton agacé, au lieu de me répondre, elle apporta cette précision : rue Privas, dit-elle.

Instinctivement, sur le seuil, j'avais, dans l'ahurissement de la récidive, serré son visage avec la même force éperdue qu'elle avait serré le mien au fond d'un bar de la rue Privas. Sans doute ce geste dans le bar de la rue Privas avait été le dernier geste de notre enfance. Elle m'avait conduit là sans me prévenir de notre destination, ou plutôt elle avait orienté notre promenade vers ce bar où elle savait que le musicien, comme elle l'appelait aux Lochères, pour ne plus prononcer son nom, avait ses habitudes. Ils se connaissaient à peine. Ma sœur les avait présentés et ils ne se revirent une seconde fois qu'à sa mort, dont Chloé chargea Kerouana de me prévenir. Pour n'avoir rencontré Kerouana qu'en cette circonstance, je n'avais aucun désir de le retrouver. Je ne me mêlai pas à leur discussion, une discussion apparemment dégagée, abstraite, sur le langage musical. Mais après une heure, quittant soudain le comptoir, Chloé s'était réfugiée tout au fond et, assise sur une chaise, se balançait comme un enfant. Elle m'avait fait appeler. Elle tremblait. Je lui avais proposé de partir, j'avais insisté, je lui avais demandé pourquoi elle tenait à rester. Quand elle m'avait dit *parce que ta sœur serait restée,* j'avais deviné ce qui allait arriver et je l'avais traitée de folle. Je ne l'avais pas insultée, je l'avais déclarée folle. Et, comme pour acquiescer, elle avait eu ce geste frénétique des mains, pressées de toutes ses forces sur mon visage, qui me transmettait sa peur d'être venue revoir Kerouana autant qu'un adieu à l'instant où je lui interdis de me reparler de Mayotte. Pendant treize ans, nous ne devions plus échanger un mot.

Appuyée au volet de bois, elle clignait de l'œil pour mieux viser la fente colmatée. « J'attends la visite du musicien, dit-elle, mais je n'attendais pas la tienne... Toi, tu ne m'as pas aidée, tu ne m'as pas détournée de ce que Mayotte voulait voir quand elle m'a présentée à lui. J'ai cru que je devais le faire même si elle n'était plus là pour le voir. Tu n'as pas vu que je reculais, que j'avais peur de lui, tu n'as pas fait que cela n'arrive pas, tu ne m'as pas empêchée de me jeter dans les bras du musicien, de me blesser à l'aimer sans amour six années entières, parce que je n'en avais pas la force, je n'avais pas la force pour ce que Mayotte m'aurait demandé si elle n'avait pas disparu dans cette année-là... Ou j'aurais pu le lui refuser si elle avait été là... Disparu, tu disais... Elle n'a pas disparu, cela arrange le musicien, il avait eu de bonnes raisons de te dire qu'elle avait disparu, mais il faudra bien un jour qu'il vienne me rendre visite... Jusqu'au dernier instant, dit-elle encore, j'ai hésité et puis je me suis jetée dans ses bras, il a eu tort de le vouloir... Mais non, il n'a pas eu tort, c'est après qu'il n'a pas eu la force d'aimer, il le voulait, et moi aussi, après la disparition de Mayotte, il voulait payer. De tout le temps que je suis restée auprès de lui, et ce furent six années très longues, c'est la seule phrase qu'il a dite là-dessus. J'étais bien là pour qu'il n'oublie jamais le corps de Mayotte. Et je n'ai pas eu la force, lui non plus n'a pas eu la force, et tu n'as pas su empêcher cela, tu ne pouvais pas, puisque tu avais déjà oublié ta sœur... »

J'arpentais le studio entre le seuil de la salle d'eau et la table sur laquelle s'étalaient ses foulards de soie au milieu des instruments de peinture, j'étais accusé d'avoir oublié que, dès l'instant de la *disparition,* en découvrant que ma sœur avait confié à Kerouana sa dernière adresse à Londres, et à personne d'autre, alors que chacun la croyait dans une autre ville d'Angleterre, Chloé avait pensé qu'elle devait exécuter des dispositions que ma sœur aurait prises, car personne sinon ne pourrait l'arracher à l'oubli précipité par sa jeunesse et sa disparition. Dispositions que Chloé rattachait immédiatement à leur dernière rencontre où ma sœur, de passage à Paris, l'avait mise en présence de Kerouana, et où, pour garder celui qui ne l'aimait pas, elle lui avait implicitement fait le don de sa meilleure amie.

Et soudain, lorsque Chloé me fit signe de ne plus bouger au passage d'un enfant grimpant l'escalier (dont la course poursuivie dans une pièce à l'étage supérieur faisait osciller la baladeuse et les ampoules), parce qu'elle ne voulait pas qu'on apprît qu'elle recevait, je saisis l'occasion, je pris brutalement congé, je lui affirmai que je devais rentrer à Paris, que je m'étais déjà mis en retard. Avec une expression soumise, avec douceur, sans plainte dans la voix, « reste encore un peu, dit-elle, ou reviens, reviens demain. Et si tu vois le musicien, dis-lui de venir ».

Dedans comme dehors j'allais très vite, traversant le sas qui séparait la cellule de Chloé du reste du monde ; marchant à une cadence brutale pour me passer les nerfs ou pour reprendre vie ; du pas auquel Chloé m'avait entraîné, et ma sœur, semblait-il, qu'elle imitait ; rêvant de larmes froides qui transformeraient l'émotion en réveil ; d'un repère à un autre repère, d'un pot de géraniums à un pavé trop volumineux dans le dallage, de l'initiale d'une façade au losange fraise d'un tabac, suivant le balisage que j'avais établi, pour retourner jusqu'à mon port d'attache ; et m'affalant enfin sur la banquette arrière de la voiture dans l'attente de mon chauffeur, qui séjournait toujours dans la salle des paris, je présumais.

La voiture était exposée à l'ouest. Il y régnait une chaleur lourde. Ma première idée fut de me faire conduire au casino d'Enghien pour y passer la soirée. Je ferais charlemagne en observant religieusement la montante hollandaise. – Mon chauffeur aurait dû revenir d'elle-même sans traîner, mais au lieu de me guetter elle traquait les résultats, avec l'idée sans doute que je méritais de patienter à mon tour... Je voulus ressortir et, en sortant, je tirai l'imperméable qui s'était pris dans la portière, ainsi j'aggravai la déchirure. L'air fixe et absent, je regardai vers l'ouest les fenêtres d'or. La sueur appliquait mes vêtements comme des étiquettes à mon corps.

J'avais seulement trouvé une issue, préféré une issue à une conclusion. Nous avions escamoté la rencontre et je ne referais plus jamais ce chemin de Paris aux Lochères. A moins de rester encore un peu, jusqu'au lendemain, pour répondre à l'invitation de Chloé. La voiture louée, si je décidais de jouir des possibilités prévues dans le contrat, m'astreignait à un voyage de deux jours, elle me fournissait un bon prétexte pour ne pas regagner Paris avant le dimanche soir. Elle m'obligeait à retrouver et à subir mon chauffeur, mais elle me maintenait aux Lochères. Si je m'en allais, je ne reviendrais plus.

J'aurais aimé être encouragé. Pour étancher ma soif je me frayai un passage à travers les paquets de joueurs qui encombraient les abords du comptoir. Mes voisins buvaient lentement leur bière, je la vidai d'un trait. Mon chauffeur s'était sans doute absorbée dans la masse des parieurs. Je partis dans l'avenue à la recherche d'un hôtel. Je me demandai s'il en existait même, à Sarcelles. Les passants semblaient n'utiliser qu'un trottoir pour me laisser libre l'opposé. Le centre commercial, dans une transfusion incessante, se vidait d'un peuple pour en accueillir un autre. Dans le recoin d'une galerie marchande, un écrivain tenait boutique. Il fabriquait un curriculum vitae, exaltant de grêles informations délivrées par son vis-à-vis. D'autres services étaient affichés en devanture, toutes sortes de choses, l'assistance à une personne physique ou morale, la carte du ciel, celle de Robert Redford était offerte en exemple. Tenu par le secret professionnel sans doute, l'écrivain me demanda d'attendre à la porte. Et j'attendis. Quand son client eut passé le seuil et que je lui demandai le renseignement, il brandit violemment la main pour me désigner une enseigne voisine, comme s'il me reprochait de ne pas savoir lire.

Les couloirs de l'hôtel étaient aussi étroits que les coursives des secondes classes dans un paquebot de jadis. Je n'entendis personne, ni conversation ni radio. Les bifurcations, les trous d'ombre se succédaient, des ascenseurs étaient restés hors d'usage depuis l'inauguration. Des portes, aussi nombreuses que celles donnant accès aux chambres, protégeaient la colonne sèche ou conduisaient au local technique, aux issues de secours, au poste à incendie. Le frigidaire de la chambre était vide, ses reflets couleur chair d'huître. Une Bible était mise à disposition. Distrait par le bruit de l'air conditionné, après une demi-heure j'abandonnai Job, les rois, les conseillers.

Je me sentais très loin de Paris. Mais je n'étais pas en voyage. Je devais jusqu'au lendemain demeurer dans la chambre et réfléchir. Je renâclai devant cette pénitence. J'épousai la forme la plus courte de la réflexion, bondissant du point de départ à la case d'arrivée, dans l'espoir que cet épitomé m'allégeât la besogne. Me reportant de Chloé l'exubérante, la fille de quatorze ans d'une prodigieuse gaieté, aux mimiques innombrables, avec sa voix stridente ou bien, le soir, d'une bouleversante sensualité, et son rire qui bondissait très loin – ses lèvres comme une jupe trop courte découvraient la chair rose des gencives dès qu'elle parlait et la salive bouillonnait dans l'interstice des dents –, de celle qui se rêvait comédienne, inscrite plus tard dans une école de journalisme suisse de réputation mondiale pour devenir grand reporter, à la Chloé s'enfermant aux Lochères. Sa mère aussi finissait à moitié folle, il y a trente ans qu'elle avait commencé de finir, l'argent faisant la différence puisque sa mère dorlotait sa folie, encoconnée entre ses meubles chinois, ses Chippendale et ses laques sombres, pelotonnée dans une enfance navrée. Sans doute le défroqué, faciès poupin mais flapi, dont le gilet prune évoquait celui d'un censeur de collège au cou rebondi et saignant, et qui sans être infirme le paraissait, l'homme le plus terne, comme il m'apparut peu avant leur mariage, dans ce café où il me posa sur l'amitié de Chloé et de ma sœur des questions qui me laissaient sans réponse, lui, l'avait brisée, ou elle l'avait laissé faire. Même si j'avais pris Kerouana pour un faiseur et un faussaire, lorsque nous l'avions vu dans le bar de la rue Privas, il était trop retors pour avoir brisé Chloé, il n'était pas comme l'autre rongé par la rancune. Pour s'être précipitée vers un compagnon d'ennui et demeurer avec lui des années, quatre ou cinq années, passées à Bougival, un vœu d'assoupissement ne suffisait pas : elle l'avait choisi contre toute affinité, parce qu'il représentait simplement le négatif du musicien, et le négatif de tout ce qu'elle aurait pu désirer, afin de poursuivre une vie qui contredirait de part en part l'avenir de réussite que ma sœur imagina pour elle. – Mais si la vérité était à l'opposé de tout ceci, si le défroqué ne l'avait rencontrée qu'après le désastre, déjà survenu pendant les années que Chloé vécut auprès de Kerouana ?

Ainsi le traitement n'agissait pas : il ne précipitait pas la fusion du demi-sommeil ; et, d'un autre côté, la mesure des accusations du temps ne restaurait aucune ardeur, même pas la conviction de ne pas être encore ratatiné comme celle dont je sillonnais la biographie. Non, ces pensées ne pouvaient que m'affoler, et sous ma main je sentais l'os plutôt que le front. Quelques cloisons seulement me séparaient de Chloé, comme si la cité était ce gigantesque dortoir qu'on a dit et, couchant dans une chambre voisine de la sienne, j'étais trop proche pour la juger. On ne peut juger de ceux qui dorment dans la même maison.

Tantôt proche, tantôt loin, de Chloé, selon. Et si j'étais trop loin je perdais le droit de me trouver ici, étendu sur le lit au milieu de cet ameublement pas plus solide que du carton bouilli, qu'alors je retournai, tirai, secouai, pour m'occuper les mains en me réjouissant de découvrir les malfaçons.

A tout instant je m'attendais à ce qu'on frappât à la porte, à ce que surgît quelqu'un me demandant, comme si je m'étais arrêté au milieu de la chaussée, ce que je faisais ici. La chambre ne me protégeait pas. Tergiversations ratiocinantes, encore quelques-unes ; après quoi l'étage défila comme une chambre des coffres. Les portes semblaient celles de monuments funéraires. En bas, dans le salon Chambord, trois hommes discutaient autour d'un fourniment de chaussures de sport dépareillées, en vrac sur la moquette, et une jeune fille dans des bottines cerclées d'un liseré de fourrure blanche faisait face à l'histoire d'un meurtre sur l'écran, mais ne regardant rien, buvant la bière tombée en boîte de l'appareil placé au centre du hall. Un chat svelte, atteint d'un léger strabisme, me suivit dehors quelques mètres, avant que le réceptionniste ne le rappelât. La nuit n'était pas tout à fait tombée, l'horizon sans force attirait une longue traîne rouge.

Je dus marcher longtemps. Je croisai un homme assis avec son fils, qui portait sur ses lèvres de douze ans la même tristesse que le père ; puis un autre fils qui, sur l'esplanade, lisait pour son père un passage de la Torah, pendant que son frère cadet s'entraînait au saut en longueur d'un bac de pierre à l'autre ; et un appelé, universellement furieux, dont les enjambées avalaient le monde, haussant et rabaissant des bras aussi larges que l'envergure des corbeaux de Calafate qui un soir m'étaient passés à rez de tête. Il me guida jusqu'au parc.

J'allai vers un feuillage si jaune malgré la nuit que je le crus artificiellement illuminé. Je détachai une de ces feuilles banane, que je sentis très douce d'un côté, rugueuse de l'autre, et je la serrai comme un signet du bonheur perpétuel. Je m'enfonçai dans l'obscurité. Le parc était serré entre des ruches de béton, pareilles sur les quatre côtés, selon la même symétrie que les palais et les ministères autour du parc de Bruxelles, où ma mère nous conduisait, enfants, durant l'été, Chloé, ma sœur et moi. Tout au fond les voix noires m'attiraient : les sautes d'un soliste alternant avec la psalmodie du chœur. Autour d'un édifice sans étages, une file serrée sur une plate-forme répondait ALLÉLUIA au DIEU NOUS A DONNÉ LA VICTOIRE du prêcheur, invisible parmi les servants qui lui tenaient le livre. Les mains s'envolaient toutes ensemble, et leurs vibrations me donnaient l'idée du nombre des fidèles. Voix sans blues, portées vers un autre soleil. Sous la plate-forme, se déplaçant comme des crapauds entre les solives, parmi de la terre et des cendres, les enfants noirs se donnaient la chasse. Ils ne rompaient le silence qu'à l'instant d'une capture, courts abois tandis qu'à deux ils ligotaient à un pilotis l'adversaire. Des évadés rampaient vers un trou de travaux, d'où montaient les fumerolles d'effervescences souterraines. Je regardais cet antre au fond duquel j'apercevais des lueurs orangées, lorsqu'une évangéliste s'approcha du seul Blanc qui restait dans le parc. Elle m'engagea à venir crier avec les autres, sans avoir peur de me joindre à leur réunion. Le

Seigneur Jésus se moquait des étiquettes. Il reconnaissait celui qui l'aime, et qui ne l'aime pas tombe sous une pluie de soufre : le fils de Pharaon est mort et Pharaon l'a pleuré. Elle cita Pharaon comme elle aurait dit Schmidt, avec sa voix des îles. Je sentais moins la pression de ses doigts que son regard visant la déchirure de mon imperméable. Pendant que je continuais à suivre les stratégies au-dessous du plancher, j'en demandai davantage sur Pharaon, j'aurais voulu que la main de la femme, de plus en plus ancrée à mon épaule pour obtenir de mes lèvres un accord ferme, glissât le long du bras, emportant mon imperméable déchiré, ma défroque d'épouvantail, et la gardât pour tout interlocuteur. Mais elle se persuadait que j'allais peu à peu me fondre dans la prière. Soudain elle me lâcha et me tendit un livre. Elle me rappela aussitôt que le livre appartenait au Seigneur Jésus, que tout était à lui, et pour poursuivre mon chemin j'acceptai de le payer. J'avais perdu la tête. Elle me sermonnait encore, tandis que, déjà à distance, je marchais du même pas que Chloé pour, dans sa foulée, connaître sa fureur et sa haine. J'aboutis dans un terrain d'herbes enneigé de billes de polystyrène, d'où l'on voyait la répartition de la ville et les vapeurs de Paris. Un matelas dépiauté y rappelait le développement d'une peau de souris disséquée, un peu de coton flottait autour. Je le soulevai, je jetai le livre, mais le dissimuler ne suffisait pas. Pour m'en débarrasser, pour qu'il ne retombât dans les mains de personne, je m'accroupis et, au coin du matelas, je grattai la terre, tâchant d'enfouir le livre près des orties. La terre collait au pantalon. Elle me laissa la saleté, l'usure distinctive du voyageur.

Après treize ans, pour quelles raisons avoir écourté, ou reporté notre rencontre ? Je ne savais plus si je m'étais enfui, ou si Chloé, par son accusation soudaine, m'avait congédié. Je retournai dans l'allée Rodin, j'y arrivai par l'autre bout, je voulus la réentendre, m'assurer qu'elle n'avait pas quitté la ville, que je pouvais la revoir le lendemain. Derrière les fenêtres s'entassaient des essoreuses, des égouttoirs, des trames de plastique jaune. La sienne était barricadée par ses volets intérieurs en bois plein qui la désignaient entre les autres. Les volets bloquaient toute la lumière. Elle les avait commandés, j'imaginai, elle avait choisi le bois, elle avait pris les mesures, vérifié le mécanisme, surveillé la pose et dépensé une énergie et un temps considérables, afin de réussir une occlusion intégrale.

Il y avait du bruit derrière sa porte. Elle se parlait, un membre de phrase de temps à autre. Je stationnais dans le couloir, avec l'impression de violer son territoire. Si je frappais, elle n'ouvrirait pas, je le savais bien, elle ne voulait pas me revoir avant le jour suivant. Le rebond régulier de la minuterie l'avertit d'une présence. Je n'entendais plus rien. Après un moment je vis glisser une feuille par l'interstice. Elle me demandait instamment d'arrêter de l'épier. Mais s'adressait-elle à moi ou à n'importe qui, à toute présence qu'elle aurait sentie à travers la porte? Je m'éloignai doucement, pourtant lorsque j'eus quitté l'immeuble, je continuai d'avoir peur, sans savoir de quoi.

Sur l'avenue la voiture imperturbable et toujours vide, sans éraflure. Mon chauffeur ne s'était pas donné la peine de glisser un papillon pour me fixer un rendez-vous. En face, les garçons de café balayaient les rubans de papier qui avaient servi à miser. Je leur demandai si une femme n'avait pas laissé un message, une commission, ne les avait pas chargés de me transmettre une heure et un lieu de rencontre, mais eux sans me laisser finir chantaient *fermé, fermé.*

Longtemps je marchai en contrebas des rues, je traversai une entreprise de réparation d'automobiles, mon chauffeur me revenait en tête comme une mauvaise compagnie dont il faudrait se débarrasser à la première occasion. Des Espagnols m'indiquèrent plusieurs restaurants et, d'après leur description, je choisis celui où j'aurais le mieux aimé prendre des habitudes : Au Bonheur, qui, derrière un chantier boueux, voisinait un dancing à l'abandon. A l'instant où je poussai la porte, explosa le bouchon d'une Méthode champenoise ; et, au son de divers déclencheurs maniés par des convives hilares célébrant un anniversaire, j'aurais repassé le seuil, si je n'avais pas entendu crier *maestro* d'une voix sibilante et sentencieuse. Attablée à l'abri d'un pilier, mon chauffeur refusa de s'excuser. Était-elle convaincue d'être toujours trop bonne envers celui qui paye, ou savait-elle retourner toutes choses à son profit ? De sa conscience professionnelle elle ne voulait pour preuve que ma facilité à l'avoir retrouvée. Un grand carton occupait la chaise en face d'elle. Pour se récompenser d'avoir gagné aux courses, elle s'en était allée acheter des fla-flas, désignant sous cet idiotisme de la lingerie de soie. Elle me pressa de commander et de ne pas la laisser manger seule. Je choisis par absence les plats qu'elle avait pris, et nous partageâmes une nourriture légèrement craquante et insapide, proche des rognons. A la vue de mes ongles gorgés de terre, elle inventa que j'étais allé nettoyer une tombe. Je répondis que j'avais sûrement joué avec un enfant dans un jardin sans m'en rendre compte. Au milieu du repas, je retirai mon imperméable et, à cause de son bavardage, elle me devint un moment sympathique : j'éprouvai une reconnaissance confuse pour qui m'épargnait la pénitence de la chambre. On nous apporta un petit récipient d'alcool de riz dont le fond, bombé comme une sorcière, ne laissait plus apparaître à la fin qu'une tache, qui me rappelait vaguement la texture de la chair dans ses heures de mollesse. J'écartai les chèques-restaurant de mon chauffeur et, en recomptant l'addition, je lui annonçai que je passerais la nuit dans cette ville. Elle interpréta comme un coup de cafard ce revirement et souffla sur son long sourcil en patte d'araignée avec une expression de pitié. Cela signifiait-il qu'en raison d'une catastrophe (seule une catastrophe, à l'en croire, pouvait me retenir dans un endroit aussi peu animé) la promenade était finie ? Ou devait-elle s'attendre à dormir à Sarcelles, s'il me prenait de vouloir partir à l'aube, pour rendre visite à une autre de mes vieilles connaissances ? Elle me rappela le prix et la durée de la location, me représentant quelle absurdité ce serait de ne pas user demain comme aujourd'hui du bénéfice de se promener en voiture ; et ensuite me proposa, pour détendre la douleur qu'elle devinait en moi, d'aller dormir à Rueil-Malmaison dans une chambre de la maison de son beau-père, dont elle redoutait qu'il attribuât à son mauvais caractère ma décision d'abréger la course. Son accès de gentillesse n'aurait pu se prolonger que s'il avait été récompensé par une parole compréhensive. Comme je ne répondais pas, elle reprit les hostilités : Pourquoi vouliez-vous d'un chauffeur si un taxi vous suffisait ? Je la laissai parler. Je me levai, nous partîmes vers la voiture ; elle manifestait une nervosité insistante devant l'incertitude de son travail du lendemain. Au moins en avions-nous terminé pour aujourd'hui, ou devait-elle me raccompagner à cet hôtel, où elle ne voulait pas croire que j'avais retenu une chambre puisque je n'avais pas de bagages ? Je ne disais toujours rien.

Dans les rues désertes nous croisâmes un pompier qui rentrait sans avoir réussi à écouler tous les volants de son carnet et j'acceptai deux billets de tombola. D'après mon chauffeur, j'avais la tête d'un homme à qui la chance ne pouvait pas sourire ces temps-ci, mais je m'amusai à secouer les billets, au lieu de les remettre dans ses mains plus chanceuses. Elle m'avertit du supplément qui allait m'être compté, puisque son travail s'était prolongé au-delà de vingt heures. Quand je voulus savoir où figurait cette clause, elle demanda tout droit au ciel pourquoi il était si difficile de parler d'argent. Le carton à ruban qui enveloppait sa lingerie me servit de pupitre pour signer le chèque additionnel. En guise de remerciement, elle me tapota la main, et je la regardai s'éloigner comme si nous nous quittions dans les plus mauvais termes.

Je marchais au milieu de la chaussée. La voiture avançait derrière moi. Les phares projetaient mon ombre sur un mur de béton. Mon chauffeur baissa la vitre et me demanda la permission de passer. Je l'avertis qu'elle devait se présenter à huit heures à l'hôtel, dont je lui remis la carte avec les deux billets au profit d'œuvres sociales. Elle murmura *mon vieux mon vieux mon vieux*, désignant peut-être Dieu, elle et moi. J'étais rasséréné de faire respecter les termes du contrat, du reste je pensai que le lendemain tout pouvait servir, des forces devaient être réunies autour de moi. La voiture redémarra, mon ombre glissa du mur au sol dans un mouvement d'éventail.

Dans le salon Chambord, la conversation s'étirait entre les importateurs des chaussures de Taiwan, tordant des mocassins d'enfants, et leur client qui, maniant une calculatrice suraiguë, les obligeait à répéter, parce qu'il comprenait taxes comprises des prix que les autres lui donnaient bruts. Toujours assise, la jeune fille à la chevelure visqueuse riait en montrant une mouche qui, sur le téléviseur, semblait chatouiller l'index et parfois escalader l'arête du nez ou la paupière d'Horowitz imperturbable, jouant Chopin au Conservatoire de Moscou. Elle dit *ce gars pianote comme une couturière,* et je croisai ses yeux si doux que je la reconnaîtrai si je la rencontre une fois encore avant de mourir. Je lui ai dit bonsoir. La moquette s'enfonçait sous mes pas, comme si j'avais le mal de terre. A l'étage un homme tatoué, une jambe dedans, une jambe dehors, le corps tourné vers l'intérieur d'une pièce et la tête à l'inverse, surveillait le couloir depuis une embrasure. Plus loin, une négociation s'envenimait derrière une porte. L'homme, à ce que je comprenais, devait payer le prix d'une coupe de cristal qu'il se vantait d'avoir réduite en miettes. J'entendis ensuite le bruit d'un éclat de cristal projeté contre une paroi (récidive ? mise à exécution d'une menace que j'avais crue déjà accomplie ?) et je le vis sortir, lui dans une veste bordeaux, tandis que, par l'entrebâillement, je l'apercevais elle, qui gémissait devant un miroir sur une table, bordé de coupes disposées comme des trophées ou des lots de foire. Presque aussitôt elle m'effleura le coude en passant. Elle ressemblait comme une sœur à la fille dans le salon, et elle me communiqua l'effluve de la tension insupportable entre eux deux. Celui qui s'éloignait se heurta à l'homme tatoué dans l'embrasure ; portant ostensiblement la main vers son portefeuille, il fit le chemin inverse pour s'exécuter, payer, et derrière lui elle referma la porte. Devant ma chambre une prise arrachée. Dans la chambre, calme, les yeux protégés sous des œillères noires, je me parlai avant de dormir.

Me disant que Chloé m'attendait le lendemain, mais le fil allait se rompre, et vint le *tu*, comme si je m'adressais à un marcheur dont les pas s'éloignaient, me précédant. Et je vis ma sœur morte qui me regardait paisiblement.

– A l'instant où je m'endormais dans la chambre d'hôtel ma sœur ouvrit la bouche pour n'émettre qu'un souffle. Ses lèvres me laissaient seulement supposer le bruit de la salive, même pas le son d'un rire, rien que ses avatars : les glaires et la bave qui affluent dans le rire.

L'enfance me laissait la mémoire de leurs bouches à toutes deux, et non de leur regard, des grimaces rauques et étouffantes et de l'agitation du rire liquide. Les regards étaient apparus plus tard, comme un mystère que les années découvrent. Quand le double de Chloé avait surgi sur le sentier de montagne, je l'avais reconnu à sa bouche d'abord, non à ce regard qui me signifia dans les mois suivants ma convocation. Le regard de ma sœur avant le sommeil, puis la vision de sa bouche au moment où j'allais perdre conscience, me rappelèrent seulement que l'histoire de sa disparition, il m'était impossible de la supporter seul. Parce qu'elle était morte, elle devenait muette dans mon rêve. A l'impossibilité de saisir sa parole, j'étais sûr qu'elle était morte, après tant d'années où je n'avais jamais rêvé d'elle.

Pourtant, en promenade le matin, en promenade, où les remugles de la veille et les discours de la nuit continuèrent de m'entourer au lieu de s'essaimer au loin, je crus pouvoir puiser une phrase ou relire ce qu'il y avait d'écrit sur les lèvres qui s'étaient penchées vers moi. Mais non, rien. Je l'avais trop longtemps oubliée.

On allait vers plus d'obscurité en glissant vers le jour, en pâlissant les lumières électriques faisaient disparaître les chambres ou les cuisines de l'immeuble d'en face. Le gris s'étendait comme si à chaque seconde une bassine d'eau sale était jetée à la surface des choses. Je traînai au réveil, sans mémoire, me balançant sur une chaise, les pieds nus contre la vitre, puis je lus, d'abord dans la douceur amniotique du bain, et ensuite à demi habillé, de nouveau devant la fenêtre à glissières, la Bible, n'ayant pas d'autre lecture à disposition, que je feuilletai du côté de Samuel. Peu à peu me vint le désir d'un second bain, après quoi je crus que je ne pourrais plus jamais être éveillé de frais. Sur le texte je posais un regard vide. Aux fenêtres des HLM d'en face, les couvertures qu'on aérait les unes après les autres s'agitaient comme des mouchoirs d'adieu aux couleurs de pensionnat.

Alors je sortis, plus tôt que prévu : en demandant l'heure à la réception de l'hôtel, je découvris qu'on l'avait avancée, comme chaque dernier dimanche de septembre. Je me souvins de mon chauffeur, j'imaginai qu'elle se serait crue à l'équinoxe de printemps, et que, confondant le retard avec l'avance, elle se présenterait à la réception vers dix heures. L'humeur ou la cleptomanie, j'avais empoché la Bible. Dehors je retrouvai ces pensées du dedans qui me tenaient par les cheveux. Elles ressemblaient aussi bien à une émission de radio amortie, diffusée dans une chambre voisine et que la cloison étouffe. Je marchais assez vite pour les secouer, résolument pour enfoncer les plus tenaces et leur faire réintégrer les profondeurs, et c'est à jeun un exercice ardu. Avec la rapidité croissante et la fraîcheur du matin, je ne rencontrai plus que de minimes hallucinations : odeur de crottin, trois secondes, sans cheval ni trace de bran ; des joies absolues : la rosée sur un peu d'herbe dans les interstices du ciment. Certains allaient plus vite que moi pour exiler la nuit, ils enfourchaient une bicyclette, un militant je présumai – vieux militant et présomption sans risque. Le paysage me donna ce que je lui demandais, l'ampleur qui fait croire qu'aujourd'hui tout est pardonné : c'était, sur cette route qu'ils appellent la déviation, un ciel quadrillé de fils ornés d'une procession de sphères d'argent. Le vent survint pour brasser et égailler les nuages. Sur l'herbe, loin, des coureurs excitaient de vieux chiens. Derrière le grillage, un homme robuste, au costume brun aux pans flottants, s'avançait sur le terrain de sport à ma vitesse et, sur la gauche, à ma hauteur et à la même vitesse, un vieux Rom, que son petit-fils en traînant interpellait, pilotait un caddie tendu de croisillons de ficelles. Ils partaient dans la direction de Beauvais avec leur chargement. Je vis que la lune, qui n'était plus la lune mais comme sa véronique, n'avait pas tout à fait disparu. Je voulus laisser le Rom et son petit-fils me prendre de vitesse, mais ils n'accéléraient pas, la distance entre nous demeurait invariable. Nous marchions en parallèle. J'allais à leur pas. Je baissai les yeux. Tout émerveillement cessa.

Et je traversai la route, je demandai au petit s'ils s'en allaient loin de ce pas. Le vieux me répondit : un peu plus loin. Ils allaient à une foire, à moins que ce ne fût à la convention des pentecôtistes, et si je continuais à marcher, pourquoi pas, des jours et des jours, je me retrouverais avec eux du côté de Chambley à prier parmi les familles de Gitans. Le grand-père et le petit-fils toléraient ma présence entre eux deux : que chacun s'agrège à l'autre et voici qu'une réunion a lieu, peu importe ce qui s'y prononce. Entre l'enfant et le vieux, je me sentais si familièrement entouré que je marchai encore un kilomètre avec eux. Le caddie en roulant faisait un bruit de téléscripteur. Le petit garçon s'avançait tout penché, ignorant encore ce qu'est le contrepoids, le vieux se plaignait de son nerf sciatique.

Puis, comme si je devais mettre à exécution un projet qu'ils m'auraient soufflé, je m'arrêtai et je leur dis *Salut* en repartant dans l'autre sens et à la même allure, cognant le sol de mes embouts blanchis.

Que chacun s'agrège à l'autre et voici qu'une réunion a lieu, peu importe ce qui s'y prononce... Je serais, comme ces pèlerins, l'instrument d'une réunion où aucun par lui-même ne suffit et où ma sœur serait évoquée : Chloé n'y suffisait pas, Kerouana devait nous rejoindre. La certitude me serait donnée que ma sœur n'avait pas disparu de mes yeux, rien qu'à leur façon à tous deux de me demander la raison de notre rendez-vous, mais qu'elle était morte. J'en retirerais un apaisement si Chloé en retirait aussi et, si cela arrivait, je serais acquitté d'avoir surpris son double sur le sentier de montagne.

Je me retournai encore dans la direction du vieux et de l'enfant. L'inventaire de ce qu'il fallait mettre en œuvre, la recherche du moyen de convaincre Chloé, et ensuite Kerouana, m'occuperaient jusqu'à cinq heures. Cinq heures, parce qu'une règle fixe l'échéance des rendez-vous imprécis, elle voulait en l'occurrence que j'attendisse un jour plein avant de revoir Chloé.

Je traversai plusieurs fois le brouhaha des crieurs du marché et je repassai, inévitablement, régulièrement, aux abords de l'allée Rodin. Les volets restaient clos. Je m'approchai des distributeurs de tracts qui se tenaient devant l'immeuble. J'engageai la conversation avec eux, je leur demandai s'ils connaissaient Chloé. Elle ne leur ouvrait pas. Si elle voyait des tracts se faufiler, elle répétait à travers l'épaisseur de la porte qu'elle n'entendait rien à la politique et qu'elle était malade. Ils l'avaient cataloguée. Ils se détournèrent de moi. Parfois j'attendis neuf heures moins dix, neuf heures moins cinq, neuf heures neuf heures cinq. Je m'endormis une dizaine de minutes sur le banc du square d'en face ; à mon réveil une fillette noire qui se balançait à un arbre sur une escarpolette me demanda de projeter les cordes le plus loin que je pouvais. Je retraversai le marché, frôlé par les accents du midi, le son d'une toccata de Bach jouée sur un orgue de la taille d'une boîte d'allumettes vendu avec des réveille-matin, la nostalgie d'un vieux rock jaillissant d'une fenêtre.

Alors il m'apparut que nous ne serions pas trois à ce rendez-vous, qu'il nous fallait être quatre, qu'il n'y aurait pas de réconciliation sans Éveline.

Lors de cette longue soirée, préméditée par Chloé, qui commença dans le bar de la rue Privas, et qui fut, bien plus que la fin de notre complicité d'enfance, le véritable et très étrange enterrement de ma sœur, quelques mois après sa disparition, Kerouana passa avec moi un marché de contrebande. Il allait prendre Chloé, ou plutôt Chloé allait se jeter dans ses bras et il ne pouvait rien faire que l'accepter. Mais avant, il voulut me donner Éveline. Nous échangerions des amantes, croyait-il. Dès qu'il m'avait vu, la première fois, lorsqu'il m'avait annoncé la mort de ma sœur, en me disant qu'elle avait disparu, il n'avait pas imaginé d'autre relation entre Chloé et moi. La nuit, les circonstances de la deuxième rencontre, l'humeur changeante de Chloé renforcèrent son erreur. Quand elle interrompit leur discussion sur le langage musical – alors qu'elle ne connaissait rien à la musique – et quitta le comptoir pour aller au fond du bar, Kerouana la regarda. Il suivit toute la scène où elle serra si fort mon visage, comme pour s'assurer de ma présence de chair, où elle me demanda de la protéger du musicien, et où je lui écartai les bras une fois et une autre fois lorsqu'elle se raccrocha en me suppliant de la sauver, en m'implorant de l'emmener à l'hôtel ou n'importe où ailleurs. Il assistait, croyait-il, à la dernière passe entre deux qui hésitent à rompre. Tandis que ce rapport d'amants qu'il imaginait en train de finir aurait pu commencer à l'instant : j'aurais pu suivre la suggestion de Chloé quand elle me dit qu'elle préférerait être *n'importe où ailleurs,* l'entraîner dans le premier hôtel, comme elle me le proposait, et y passer la nuit. Mais aussitôt elle se rétracta, si fort qu'elle souhaitât s'en aller, elle devait rester ici, *parce que ma sœur...,* et moi je la traitai de folle, je lui demandai de se taire. Sans pouvoir deviner qui de nous avait eu l'idée de venir, Kerouana crut voir des amants qui ne peuvent se séparer que devant témoins. Il marinait dans une langueur oblique, quand je retournai au coin du bar. Il était avare de ses mouvements, comme s'il préservait une force magnétique dont il aurait encore ignoré l'usage. Il faut que je la prenne maintenant, dit-il, tu ne peux plus la protéger. Et il avança qu'un échange pouvait m'intéresser. Du temps passa avant qu'il réitérât une offre que je ne comprenais pas. Il ne savait plus s'il désirait Chloé comme il l'avait désirée quand ma sœur la lui avait présentée, mais il savait qu'il allait la prendre parce que maintenant ma sœur avait disparu.

La présence insistante de Chloé lui rappelait qu'il aurait pu l'aimer même s'il ne l'aimait pas. Elle restait au fond de la salle, près d'un haut-parleur. Kerouana me demanda d'aller la chercher. Il me donnerait une contrepartie, il me dédommagerait. Ainsi, dit-il, la dette sera réglée. Je compris qu'il avait eu peur en me voyant arriver dans ce bar : s'il m'avait choisi parmi les membres de ma famille pour être le premier à apprendre la mort de ma sœur, il pensait depuis cette première rencontre, et d'après la réaction que j'avais eue, que je viendrais lui réclamer une dette. Il proposa ce faux échange parce qu'à ce prix je ne pourrais plus jamais lui reparler de la disparition de ma sœur. Je renonçai à le détromper, j'acceptai le malentendu, et je retournai auprès de Chloé pour la ramener entre nous. Plus tard j'ai pensé que j'avais accepté pour n'avoir plus jamais à parler de ma sœur que j'avais décidé d'oublier ; pour ne plus jamais parler d'elle, non seulement à lui mais à quiconque. Il tint parole, et moi j'acceptai de recevoir celle que j'eus l'impression de lui prendre. Il convia – mais à la rapidité de son arrivée après le coup de téléphone qu'il avait passé, on aurait dit qu'il la faisait apparaître – la splendide demi-juive dont les pupilles disparaissaient sous les paupières dès qu'on effleurait son corps, Éveline, presque aussitôt dispose, comme si elle savait que nous allions devenir amants et qu'il n'y aurait ni décision ni effort.

Je la regardai à côté de lui qui le dominait légèrement. Il me la présenta en disant : je lui ai inventé son prénom. Le vrai, c'était un prénom de Gitane. Très vite elle voulut quitter le bar. Nous nous retrouvâmes dehors tous les quatre et nous restions, entre caniveau et trottoir, sans nous séparer. Pour en finir avec cette hésitation, je les invitai dans le double-living loué à une veuve, que je partageais avec un certain Fleuri, cette année d'étudiants où nous voulions éviter le supplice de la chambre de bonne.

Et soudain Kerouana, œil de drogué, expression mélancolique, sourire fugitif de braconnier, me demanda : pour quoi faire ? Comme si j'avais tout rêvé de la négociation d'avant, du marché proposé, rien qu'une fantaisie nocturne. Je voulus tourner casaque, mais, l'instant suivant, je compris qu'il me demandait seulement de confirmer mon accord et je lui répondis *pour continuer.*

Il me fit signe de les guider. Je marchais en tête, à quelques pas des autres. Kerouana gardait l'allure traînante de ceux qui ne sauront jamais où ni avec qui ils vont dormir. Plus loin, dans un mouvement de fuite, Chloé me dépassa, tremblante, allongée par la nuit dans cette rue large et abîmée et, comme Kerouana ne la suivait pas à son rythme, elle dut entrer dans un bureau de tabac, s'y attarder, pour lui laisser le temps de venir la chercher, pendant qu'Éveline et moi nous prenions de l'avance. Puis, dans le double-living, tout au fond de l'appartement bourgeois (Fleuri était absent), à califourchon sur une chaise, je faisais face à mes trois hôtes assis à l'équerre sur un lit d'époque, dans l'office du diseur mais sans histoire à leur raconter. Je leur offris un reste du gin acheté deux ans plus tôt sur le navire, quand j'avais accompagné ma sœur à Brighton, où elle partait poursuivre ses études. Éveline et Chloé risquaient parfois une phrase, qui se brisait par discrétion ; personne ne voulait boire, sauf Chloé, l'alcool tiédi par le chauffage d'appartement. Kerouana m'expliqua dans le détail une martingale qui lui permettait de gagner à la roulette et me conseilla de m'en souvenir. Quand il eut fini, il dit : « Tu ne serais pas capable d'avoir deux femmes ? – Une suffit, dis-je. – Tu as raison, dit-il. Choisis. » Éveline et Chloé ne parlaient pas. Il se leva, prenant Chloé par le bras, me laissant Éveline en compensation, mais dès qu'elle fut debout, nous voyant rester assis Éveline et moi, Chloé partit de ce rire qui, autrefois, dans les étés d'enfance, emplissait la salle à manger de la villa Ninove, le même rire intarissable et bruyant. Le rire cabriola, il gicla de sa bouche, il rebondit, il se projeta vers le mur et lui revenait pour qu'elle le renvoyât de nouveau – salve si provocatrice qu'elle réveilla ma logeuse. Elle vint cogner à la porte. Kerouana s'élança pour ouvrir. Quand la veuve se trouva en face de lui, elle rabattit le col de sa robe de chambre taillée dans une courtepointe et m'indiqua par-dessus son épaule qu'elle n'avait pas loué son *deuxième salon* à des couples. Chloé hoquetait de rire, la veuve tentait de l'apercevoir. Prenant congé, Kerouana se pencha à une distance si courte que sa voix sembla me souffler en rêve l'adresse d'Éveline. Je me tournai vers elle et lui demandai son prénom véritable, sans qu'elle voulût me répondre. Ils sortirent sous le regard de la veuve. Puis je les entendis descendre tous les trois l'escalier de service métallique. Me traversa l'idée qu'Éveline allait remonter. Depuis l'une des fenêtres du long corridor qui menait à ma pièce, je surpris Chloé en train de vomir le peu d'alcool qu'elle avait bu, tandis que Kerouana la soutenait et l'entourait de son bras. Et je me souvenais de la salle à manger de la villa Ninove, les soirs d'été, quand nous y restions seuls, avec ma sœur et Chloé : le rire de Chloé se disloquait soudain, son visage basculait pour étrangler puis relâcher, enroulés aux rires, des sanglots, dont la stridence suffisait à aiguiser les angles de la pièce au crépuscule, entraînant tout l'espace dans une métamorphose aussi incompréhensible que sa tristesse d'enfant brutale et déchirée.

Deux ou trois jours plus tard, j'allai réclamer ma dette. Quand j'entrai dans le studio, Éveline se dirigea rapidement vers la glace pour fixer une lourde agrafe d'argent dans ses cheveux noirs et, laissant glisser ses yeux vers la droite, elle me donna un nouveau rendez-vous, différant de quelques heures encore la réalisation du marché convenu. Née du malentendu, notre liaison rendait par avance futile et légère l'épreuve d'un probable et toujours très proche adieu. Éveline disparaissait la journée, entretenait Kerouana en servant d'accompagnatrice à des étrangers, entre la rédaction de son mémoire sur les Cavaillé-Coll et ses réunions lambertistes du soir. Je pensais qu'elle le voyait ailleurs, qu'elle partageait avec lui nos gains du casino de Dieppe. Elle continua de m'entraîner là-bas, comme elle y suivait Kerouana avant notre rencontre, à l'époque où leur vie se partageait entre les recherches musicales sur la construction de toutes les orgues d'Europe et les expéditions à Dieppe en quête d'argent. J'en arrivai à imaginer qu'Éveline avait contraint Kerouana à ce faux échange ; qu'en me la donnant il s'était soumis au désir d'Éveline ; qu'elle exerçait sur lui une telle autorité qu'elle l'obligea à payer son indifférence à l'amour de ma sœur, si violemment offert qu'il l'avait détruite. Ils avaient fait sa connaissance par hasard, en visitant l'église de Rottingdean, à côté de Brighton, où ma sœur prenait des leçons d'orgue. Quelques mois Éveline échangea avec elle une correspondance consacrée à leurs recherches musicales. Et il semblait que la relation de ma sœur avec Éveline s'était développée indépendamment de Kerouana. Beaucoup de simplicité, de tendresse, quand Éveline parlait de sa *nouvelle* amie, de cette *trop brève* amitié. Elle avait succédé à Chloé, comme les amis de vingt ans succèdent aux amis d'enfance. Mais elle n'avait jamais une parole de regret à propos de ma sœur. Je pensai qu'elle ne s'était éloignée de Kerouana que le temps de lui pardonner. Puis l'opacité de notre relation et de son mode de vie, et la monotonie de nos journées à Dieppe, ne m'inspirèrent plus qu'un désir de fuite.

Je lui servais d'adjoint au comptage, je relevais les numéros. Pendant chaque trajet en train, elle me démontrait, en maniant son fume-cigarette comme un accessoire d'Indienne, que sa méthode nous paierait des voyages et que cette martingale, pour triompher, exigeait une humble assiduité, plus encore depuis que, ayant perdu la combinaison écrite de la main de Kerouana, elle procédait de mémoire et se fiait à la topographie du tapis de la roulette pour reconstituer l'enchaînement des coups. D'ordinaire, nous repartions plus riches que nous n'étions entrés et cet exercice, au début, me fascinait. Mais cinq ou six mois après l'échange de la rue Privas, devant le vestiaire du casino de Dieppe, nous croisâmes Chloé et Kerouana. Un instant, je crus que notre rencontre avait été organisée. J'en cherchai l'organisateur. Je regardais Chloé, impuissant à articuler un mot. Kerouana très pâle sourit à Éveline. Peut-être devrions-nous calmer le jeu, dit-il, ne réussissant qu'à provoquer le rire, scandaleux où qu'il éclate, de Chloé. Il l'emmena aussitôt dans la salle. Je suppliai Éveline de quitter les lieux. Et, pendant le retour, je décidai que la martingale nous paierait au plus vite un voyage.

Ce voyage servit à nous séparer. Il me sembla, dès que je l'eus quittée, qu'il n'y avait pas d'endroit au monde où se perdre plus douloureusement que ces alentours rougis de Douvres. Les fonctionnaires de l'immigration, à qui nous nous présentions ensemble, refoulèrent Éveline sans motif. Elle me fit signe d'aller seul, et formula une brève malédiction. Puis elle reprit la route dans l'autre sens. Depuis, ayant cessé de les voir tous les trois vers la même époque, je pensais que je ne les croiserais plus jamais. Et, quand je rencontrai le défroqué, je fus stupéfait d'apprendre que Kerouana et Chloé venaient seulement de se séparer, après six ans.

Je n'avais jamais échangé avec Éveline un mot écrit, ni partagé d'appartement. J'étais demeuré dans une connaissance approximative de son identité, et je tentais, en retournant vers l'hôtel, de reconstituer son nom. Des lettres étrangères s'y étaient glissées, d'autres étaient interverties, et les lettres se refermaient sur un nom plausible qui sonnait faux. J'aboutissais toujours à cet amalgame, BORGS, approchant, mais inexact.

Mon chauffeur m'attendait dans le hall de l'hôtel. Elle était arrivée à dix heures, comme je l'avais prévu, et elle voulut me faire partager ses sentiments sur le déséquilibre entraîné par le changement de service bi-annuel, mais je la happai et l'entraînai dehors. Elle allait partir consulter Fleuri à son bureau, pour obtenir l'adresse d'Éveline. Il collectionnait les coordonnées de toutes les personnes qu'il avait connues depuis quinze ans dans un *carnet de relations* rafraîchi à l'arrivée de chaque automne. Il fichait quiconque lui était présenté, comme si c'était sa manière de dire bonjour, il n'aurait donc pas de mal à retrouver *Éveline* qu'il avait plusieurs fois rencontrée à l'époque où nous partagions, lui et moi, le double-living – quand je l'en chassais précisément, pour y être avec elle. Mon chauffeur objecta qu'il ne serait pas dans son bureau, mais je savais que les affaires de Fleuri marchaient mal, et qu'il travaillait sept jours sur sept dans deux misérables pièces cloisonnées de liège, entre les murs qui jadis abritèrent le bordel du Chabanais. Après quoi, elle devrait se présenter chez Éveline, elle lui transmettrait mon invitation, l'emmènerait en voiture et nous retrouverait devant l'immeuble de l'allée Rodin ou bien au café des paris. Je lui copiai sa mission. Elle voulut distinguer l'emploi de chauffeur de celui d'estafette, mais je lui interdis sans ambages d'épiloguer. Si une réflexion la hérissait, un franc mépris la faisait taire. Je la bousculai, je l'expédiai, et je ne me sentis tranquille qu'après le démarrage de la voiture.

– Après lui avoir tout de même promis un pourboire considérable. Cette promesse d'argent changeait mon vœu en un projet de moins en moins aléatoire. Les premières étapes étaient franchies. Et mon chauffeur me tenait davantage compagnie en cherchant Éveline à travers la capitale, elle m'aidait à agrandir cette vision réconciliatrice de nous tous réunis, parlant de ma sœur, ou n'en parlant pas...

... Oui, vers une heure, sur un terrain où flottaient des cotons, des rubans rêches qu'on accroche aux cortèges ou que l'on noue aux arbres, et le tissu avachi d'une tente orange abandonnée en plein milieu de la cité, je pensais : *parlant de ma sœur ou n'en parlant pas,* cela soudain n'importait plus si nous étions tous les quatre réunis ; je pensais que ce soir l'oubli serait oublié. Aussi fugitivement j'imaginais le projet réduit à néant, Éveline introuvable, ou Chloé muette le temps de la rencontre. – Mais ce n'est pas cela, ils allaient comprendre tous les trois la nécessité de leur présence : ils sont réunis pour un rite analogue à celui des îles Célèbes, où les défunts sont portés en terre après treize ans. Le rite ne comble pas l'attente, il la révèle. J'y participe avec eux et je me tais. Ma sœur n'a pas disparu de mes yeux, elle est morte. Je ne leur demande pas de leurs nouvelles, je veux que ma sœur entre à nouveau dans la parole.

Paris me semblait le but d'un voyage quand j'arrivai chez Chloé à cinq heures pour lui annoncer ma décision de nous réunir tous les quatre. Légèrement voûtée, immobile derrière la planche à tréteaux, interrompue dans son travail, Chloé n'eut pas d'autre réponse qu'un regard d'une molle transparence. J'ajoutai pour la convaincre qu'il valait mieux revoir Éveline et Kerouana plutôt que de continuer à les évoquer en leur imputant la faiblesse dont elle souffrait. – En parlant je m'épuisai peu à peu à repousser le premier silence, jusqu'à ce que, lasse de m'écouter, ou peut-être seulement d'entendre depuis trop longtemps une autre voix dans la pièce, elle intervînt : continuer quoi ? C'est misérable ce que tu dis.

Elle emporta dans la salle d'eau les tulipes de la veille pour les recouper, revint vider l'eau de la carafe dans l'évier, la remplit à nouveau, puis déposa la carafe sur le linoléum. Elle prit une cigarette brune d'une poche de sa chemise et s'accroupit contre le radiateur, tordant entre deux doigts sa seule mèche grise. Je manipulai ses foulards de soie. Je ne savais pas si elle attendait que le respect de son emploi du temps me forçât à partir ; ou bien sa prostration. Et soudain je mentionnai l'image de ma sœur, cette nuit, à l'instant de m'endormir, et je lui demandai si elle avait jamais revu ma sœur, après sa mort un double d'elle.

C'était un soulagement qu'elle ne m'apporterait pas, elle ne pouvait pas comprendre que l'oubli m'avait fait douter de la mort de celle que j'avais oubliée. *Je n'ai pas comme elle la force de voyager,* dit-elle, *pour nous une vie de voyages était la seule viable...* Elle ne me répondait pas, à la vérité elle répondait à une phrase de ma sœur, elle la citait. *Restent les voyages,* m'écrivait ma sœur (comme elle avait pu l'écrire à Chloé) au dos d'une carte postale qu'elle m'envoyait de Londres où, soi-disant, elle ne faisait qu'une halte avant de partir vers Édimbourg pour examiner le premier orgue équipé de la machine pneumatique de Barker. Et, sur cette carte, elle me fournissait son programme des mois à venir avec précision, alors qu'elle s'installait à Londres, où personne ne la saurait, à l'exception de Kerouana, afin que, seul à détenir l'adresse, il sût parfaitement qu'elle l'y attendait ; et où personne ne l'aurait jamais sue, si Kerouana ne l'avait trouvée morte dans la chambre de Londres.

... Passant sa vie à voyager, accomplissant les voyages que ma sœur avait projetés, la prolongeant ainsi, Chloé pouvait rêver d'un lieu, loin, où l'imitation l'amènerait, et où dans le sourire d'une silhouette surgie d'une porte, ou simplement dans l'allure d'une femme de dos, elle obtiendrait une preuve de l'absence définitive de l'amie, un fugitif remerciement de la disparue pour avoir été si longtemps accompagnée, et donc la possibilité de se séparer d'elle. Mais elle ne savait pas entreprendre ce voyage : ni elle n'avait ressuscité ou atteint l'amie disparue et mal aimée de Kerouana en se substituant à elle, elle n'avait pu que faire l'effort de le voir pendant six ans et de ne pas perdre pied, puisque, en ouvrant les yeux vers lui, elle ne voyait qu'un vertige qui l'effrayait, à l'idée du risque de sa propre disparition ; ni elle n'avait trouvé la force nécessaire à une vie de voyages, mais seulement celle de troquer Kerouana contre l'homme le plus attristant, le plus rébarbatif et, plus tard, réclamant toujours son dû sans savoir à qui, de repartir de Bougival aux Lochères, où elle préservait, dans une pièce sans doute aussi nue que la chambre de Londres, le souvenir de son amie. Elle ne pouvait pas en rencontrer l'image, puisqu'elle n'en était jamais séparée. Et je lui dis soudain :

– Ma sœur est morte de sa mémoire. Avec sa mémoire de toujours, elle n'imaginait pas d'être jamais surprise, elle gardait avec elle tout ce qu'elle avait pensé depuis qu'elle avait commencé de parler et cela ne faisait pas tant d'années au total. Elle se voyait en marche sur une route de nuit avec sa mémoire de toujours. A Brighton, où je l'accompagnai, où j'eus avec elle la plus longue conversation que nous aurons jamais eue, elle me disait que les visages que l'on ne remarquait pas étaient ceux qui avaient pâli à force d'oublier. Sa mémoire devait la porter en toute circonstance comme une route droite de nuit, la mémoire de toutes ses pensées derrière les embrasures, des éclairs, des résolutions à l'instant où elle allait être séparée de toi, la mémoire de toutes ces résolutions que vous aviez prises ensemble à la fin de chaque été, de toutes ses pensées qui lui revenaient surtout à l'heure des départs ; et toutes ses pensées étaient des décisions. Qu'elle serait une *solitaire intensive*, parce qu'elle n'avait pas le caractère à autre chose, elle l'avait su depuis toujours. Elle employait cette expression, cela faisait rire ma mère. Elle croyait dans la vérité de ce qui fut pensé tôt, et que les choses auraient dû continuer ainsi à avancer sans jamais se chevaucher l'une l'autre, comme si elle s'était promis d'être continue, de ne jamais rien perdre, et d'aller d'une traite, déroulant jusqu'à la fin une seule phrase commencée depuis longtemps. Je le sais, mais ce que je ne sais pas, c'est pourquoi je n'entendrai plus jamais sa voix.

– Parce qu'elle a été oubliée, me dit Chloé, elle a été oubliée, comme tu l'as dit. – Je n'ai jamais dit cela. – Tu l'as dit au défroqué, lorsque j'ai voulu que tu le rencontres avant notre mariage. Je lui avais tellement parlé de mon amie de toujours, je voulais lui en montrer *une trace*.

A peine eut-elle dit cela qu'elle me demanda de ne surtout pas partir. Et, de nouveau, doucement : tu vois comme je suis faible. Tu aimerais sans doute être déjà rentré chez toi et bientôt apprendre que j'ai disparu à mon tour. Tu penses, toi, puisque tu ne penses qu'à partir et à être parti pour ne plus jamais me voir, que cette mémoire nous tue, la disparition de Mayotte t'a laissé penser cela, puisque tu as oublié ; et ton passage par Bougival peut-être, et les questions que tu as posées ce matin dans la rue, comme je t'ai vu le faire par la fente, te le laissent penser. Mais, à moi, Mayotte a laissé sa mémoire et ses promesses. Elle m'a laissé sa mémoire de toujours et je me souviens bien de toutes les promesses que nous nous faisions dans les portes entrouvertes, la veille du jour où je partais pour un an avant de la retrouver, nous savions que ces promesses n'avaient pas d'âge et que nous ne nous laisserions jamais, ce n'étaient que des confidences, mais nos confidences étaient toutes des promesses. Mayotte ne me permet d'employer que la respiration dont elle n'a pas usé, je voudrais que tu entendes une fois cette respiration parce que, la nuit, je m'époumone et ma respiration me brûle. Mais ça ne t'arriverait même pas aux oreilles, tellement tu es sourd. Le bruit, si tu pouvais l'entendre, te ferait si mal que pour ne plus avoir à le supporter tu tomberais en prière...

Je voulais sortir parce que mes questions ne provoquaient que cette plainte sans recours... Mais non, surtout parce qu'elle venait de me rappeler comme j'avais envie de fuir. Et pourtant, lorsqu'elle dit : pourquoi me remettre en présence du musicien ? Pourquoi m'entraîner dehors ? Je ne veux plus, je veux lire les journaux, être étendue et avoir les journaux à côté de moi, et tout ira bien ainsi..., il me sembla qu'était arrivé le jour où elle partait d'ici. J'avais envie d'avancer rapidement dans le studio, de prendre les volets, de les déposer au sol, de glaner la lumière du couchant, comme si cela était encore possible, de lui injecter l'idée qu'elle allait quitter cette ville qui était invivable pour elle ; je lui trouverais une maison, je l'aiderais à obtenir un autre travail que de peindre des saynètes tristement naïves sur du tissu, j'allais m'approcher d'elle, la soulever de ce carré de sol où elle restait tassée au bord du radiateur, au milieu de ses riens, rabougrie dans sa posture, basculant des mèches et prête à tout instant à crier, apeurante, mais ne criant pas. Nous entendions des exclamations au-dessus de nous et je regardai vibrer les ampoules. Elle retourna jusqu'à son lit, où elle s'étendit en fermant les yeux. J'allai crier son nom et je m'en empêchai, et si je la touchais je rencontrerais une rudesse inconnue sous les doigts. Alors je devais plutôt la guider jusqu'à un endroit, loin, où nous pourrions nous dire au revoir, mais nous devions nous y retrouver tous les quatre et, dans cette douceur, elle et moi saurions que nous étions en train de nous abandonner à une séparation définitive. Elle remuait faiblement la tête, je crus voir une agonie commencer, la pensée me traversa vivement que je souhaitais la voir enfermée dans une chambre d'hôpital... Ou bien la bercer, telle une enfant, comme quand la honte vient, celle-ci, en face de moi, éperdument appliquée à être seule, à qui je dis *allons-nous-en il est six heures,* me penchant tout d'un coup, sans y avoir pensé ; à la seconde je m'agrippai à elle et je la redressai, je la tenais debout, je serrais quelque chose dans mes bras, je fis deux pas vers la porte et je la remis debout. Je ramassai un blouson qui traînait, dont je lui recouvris les épaules, et nous étions dans l'escalier, elle plissant les yeux à cause de la lumière bleuâtre. Le long des murs lardés de sexes et de cœurs, nous descendions avec une lenteur incalculable, tellement elle prenait soin de ne pas faire de bruit. Je pensais à une photographie sur laquelle Mayotte s'avançait dans un jardin courbée vers les herbes. En bas, puisqu'il était effectivement six heures, Éveline et le chauffeur nous attendaient.

L'une calée à l'arrière, parlant le plus naturellement avec l'autre ; et j'eus l'impression à la sortie de l'immeuble de rouvrir les yeux vers un éclat mystérieux et triomphal. Tandis que je lâchais le bras de Chloé pour l'introduire dans la voiture, Éveline, qui riait avec mon chauffeur, dit en se penchant vers nous *j'ai été convoquée* et Chloé l'étreignit avec confiance.

A l'avant, la solitude du chauffeur semblait imposer le silence aux passagers entraînés dans une évasion ou une fuite. Chloé détaillait les bâtiments, en se collant à la fenêtre, pour apercevoir les étages les plus hauts. Elle y portait une attention cruelle. Je pensai elle les regarde une dernière fois, mais, à tout moment, elle peut ouvrir la portière ; je ne serai tranquille que rentré dans Paris.

Voyant mon chauffeur actionner la commande électrique du rétroviseur, Éveline, à ma gauche, me soufflait à mi-voix : tu es devenu riche, en étirant les jambes. Elle avait faim, elle voulait aller dîner. A ma droite, Chloé s'adressait directement au chauffeur : je voudrais que vous me lâchiez place Clichy s'il vous plaît. – Pas là, disait Éveline, allons dans un endroit plus paisible, au restaurant russe de la rue de Verneuil. – Je préférerais ne pas tant m'éloigner, disait Chloé, regardant devant elle. – Mais nous n'allons pas dîner dans un endroit bruyant, comment pourrions-nous s'il n'y a pas un peu de calme tout autour, dis, Chloé, de calme pour les souvenirs ?... – Il vaut mieux que tu te consacres à autre chose qu'à te souvenir, disait Chloé par-dessus moi. – Chloé, Chloé, il y a pire que de se souvenir... – Je dois m'arrêter au Wepler. – Mais pour l'instant nous ne sommes pas tous réunis ? Si ? Elles parlaient. Je ne servais désormais plus que d'accompagnateur. Lorsque Kerouana nous compléterait, je serais des quatre celui qui vient après, marche en arrière, et qui, au dîner, se tient machinalement à l'écart. Éveline demanda alors si l'un de nous l'avait revu et m'apprenait qu'il était concertiste à présent, spécialisé dans la musique baroque. Moi qui n'avais jamais cru à ses talents – autrefois je l'avais considéré comme un bavard qui se prétendrait musicien, seulement capable d'agiter quelques théories d'emprunt, de divaguer une heure sur la nostalgie contemporaine des micro-intervalles et sur la signification de l'hémiole dans la valse op. 42 de Chopin, parce que j'avais entendu Chloé l'assaillir de questions dans le bar de la rue Privas pour imiter ma sœur en soutenant une conversation sur le langage musical, qui n'était qu'une pseudo-conversation, un faux, dont Kerouana s'était plu à augmenter la fausseté en accentuant la technicité de ses propos... – Quelle mémoire, disait Éveline ! C'est vrai, sa théorie de l'ambiguïté musicale... – Il fallait bien qu'il emploie son temps à parler à l'époque, disait Chloé, il ne s'était pas encore mis à l'instrument. Elle avait suivi dans les journaux sa carrière d'interprète, il avait du succès. Éveline prétendait ignorer son adresse. Le chauffeur rentra dans la conversation : Vous auriez dû la réclamer à M. Fleuri ! – Justement non, Kerouana était l'une des seules personnes dont Fleuri n'avait pas eu le loisir d'enregistrer les coordonnées. – Nous devrons aller le chercher, et puis ? – Et puis nous irons dîner tous les quatre, disait Éveline au chauffeur. – Vous n'avez pas besoin de moi pour revoir le musicien, disait Chloé, je n'y tiens pas. – Vous m'arrachez à un dimanche pour nous réunir, tu y es très attaché semble-t-il, et vous ne vous êtes pas mis d'accord entre vous ?... – Nous risquons surtout en son absence de perdre la soirée à parler de lui. – C'est misérable de dire cela, me répondait Chloé. – S'il joue ce soir ? demandait le chauffeur. – S'il joue, disait Éveline, nous irons au concert et nous l'attendrons à la sortie.

A la porte de Pantin, mon chauffeur confronta son regard au mien dans la glace du rétroviseur. Elle s'inquiétait de nous voir derechef emportés dans l'errance. Je l'arrêtai vers Marcadet-Poissonniers. Il pleuvait dans ce quartier de Paris. Elles s'installèrent toutes les trois à une table de café, pendant qu'au bout du comptoir je recopiais dans un annuaire l'adresse de Kerouana. Chloé buvait un ballon de bière. A une table voisine, une petite femme aux bras gonflés lui disait : *elle ne rime pas avec vos yeux cette jupe glauque !* Elle n'allait pas non plus avec le blouson. La petite femme ajoutait sans discrétion *comme ses yeux vont bien avec sa robe lilas,* à propos d'Éveline. Je me souvenais des craquements du corps d'Éveline et de cet abandon dans les heures où elle faisait semblant de dormir étendue dehors, quand nous sortions du casino. Chloé arriva dans mon dos et me demanda qu'est-ce que tu veux ? Subitement, en réponse, je retirai de ma poche l'horoscope que j'avais dissimulé la veille, je le lui tendis comme si je n'y attachais pas d'importance. Elle le prit en faisant un léger bond d'écart, sans manifester aucun étonnement. Elle le parcourut, affalée contre le seul tabouret qui longeait le comptoir. Je revins à la table m'installer à une place où je lui tournais le dos. Mon chauffeur traça le portrait d'un Fleuri diaphane et hâbleur, me confortant dans l'opinion que j'en avais gardée. Lorsque Chloé nous rejoignit, elle avait pleuré, elle nous annonça qu'elle nous attendrait au Wepler. Je lui demandai de nous accompagner, sa présence était nécessaire pour convaincre Kerouana, je la pris à part et je lui dis qu'elle avait su réclamer ma visite, que j'étais venu parce qu'un jour en promenade j'avais revu son image. Elle me répondit oui, oui, tu as revu... De nouveau j'eus peur qu'elle s'enfuît. Je proposai qu'Éveline lui tînt compagnie en attendant. Tu n'as pas besoin de me surveiller, tu sais que vous me retrouverez, disait Chloé, je suis tout à fait incapable d'aller ailleurs, je vous attendrai.

Elle tira une ligne d'orange sur ses lèvres pour raviver son visage. C'est bien Paris, c'cst l'oubli, dit-elle, et, place de Clichy, elle sortit précipitamment. Elle s'éloigna très vite. Elle voulait se rabibocher avec Paris, y reprendre pied, retournant vers son *lieu de refuge* à l'époque où elle guettait les minutes sans passage, ces *temps morts* que les habitants des Lochères laisseraient à sa disposition, au Wepler, là où elle avait ses rendez-vous avec le Brésilien. Elle commençait d'agir comme si elle m'avait entendu, décidée à quitter l'allée Rodin. A l'entrée du boulevard des Batignolles, je demandai au chauffeur d'arrêter. Ma conversation avec Éveline traversa douze ou treize ans. Puisque nous nous étions séparés à la frontière anglaise, Éveline était curieuse de ce qui m'avait semblé de l'île de Wight, où nous aurions dû aller ensemble. Me restait le souvenir de chiens nombreux, d'averses et de corps lourds, avait-elle jamais eu l'envie de découvrir cette île ?... Elle avait la beauté irréparable d'un visage dont les pommettes se sont creusées, leur saillie devenue en une nuit plus déchirante. Je me rappelai que son regard fixe et précis, sauf lorsqu'on la touchait, et l'inflexion de son visage ne répondaient pas au portrait que m'avait laissé imaginer ma sœur de *la jeune fille à la natte sombre,* dans une lettre reçue d'Angleterre où était décrite la première rencontre avec Éveline et Kerouana (qu'elle ne me nommait pas), dans l'église de Rottingdean, quand ils étaient entrés pour voir les vitraux de Burne-Jones. Et, comme si je poursuivais la même conversation d'une interlocutrice à l'autre, je demandai à Éveline si elle avait déjà croisé le double d'un mort. Elle répondit *cela arrive mais ça ne se dit pas.* Dans ses yeux une pointe de désir meurtri. – Éveline aimait l'idée de cette réunion, comme l'eût séduite le projet d'une fête secrète. Elle voulait m'y aider et accepta de rejoindre Chloé au Wepler, de m'y attendre avec elle, quand je lui dis ma crainte de voir Chloé s'enfuir de nouveau – Éveline ne s'en étonnait pas, pour elle Chloé était restée *la même,* toujours perdue, *c'est une fille qui est faite pour la province.*

Je poursuivis seul avec mon chauffeur. Il y eut un embouteillage entre Clichy et Villiers. Je remarquai sur le siège un bout de papier. Chloé l'avait-elle laissé intentionnellement glisser de la poche de son blouson ? Je relus l'horoscope écrit en cursives bleues, il me rappela la séance au cirque où un homme calamistré lui emprunta sa carte d'identité, la première qu'elle avait, toute neuve, pour que de la bouche d'une femme aux yeux bandés de soie noire, interrogée par le partenaire, on entendît, retentissant sous le chapiteau, son nom ; et où, en récompense pour s'être prêtée au jeu, elle reçut (je me souvenais de l'homme parce qu'il avait un œil marron et l'autre azur), le *secret de son avenir,* sous une enveloppe cachetée. Elle demanda à l'homme d'où la femme savait son nom, ce qu'il refusa de lui dire. Elle ne le croyait pas lorsqu'il affirmait que la femme au centre de la piste ne l'avait jamais vue auparavant. Tandis qu'une autre enfant devant nous, un peu plus jeune, la traitait de folle, elle se mit en colère contre lui. Alors elle voulut déchirer son avenir, et ma sœur le lui prit, déclarant que ce serait désormais le sien.

En arrivant dans la rue Saint-Senoch, après ces avenues traversées silencieusement, je dis à mon chauffeur qu'ayant ainsi tourné aux frontières de la capitale depuis plus de vingt-quatre heures, j'avais l'impression de revenir d'un faux voyage, et que je souhaitais partir pour de bon ; elle répondit qu'elle partirait elle aussi volontiers, je lui demandai où. Mais elle voulait y réfléchir, par exemple le temps qu'il me fallait pour aller chercher Kerouana. Si d'aventure je partais en voyage avec vous j'aurais peur du vide, oh dès les premiers jours, dit-elle.

Lorsque je sortis, elle se précipita derrière moi. Elle ne voulut pas attendre son pourboire plus longtemps. C'est vrai, elle m'avait ramené mon amie perdue, selon son expression. Je renvoyai le pourboire à l'heure où nous réglerions nos comptes, mais elle se plaça en travers de mon chemin, son équipée l'avait mise à bout de nerfs. Pour qu'elle me laissât franchir le portail, je lui demandai la somme qu'elle voulait. Elle estimait que c'était à moi de savoir ce que j'avais dit, puis elle fit disparaître les billets de banque avec une surprenante vélocité. Il était clair que je ne la reverrais plus.

Dans le dernier corps d'immeuble l'escalier s'élançait comme un ressort noir et brillant. Des svastikas en mosaïque décoraient les paliers. Autour de mes yeux, des larmes de sueur. Je tâtai mes vêtements défraîchis.

Jusqu'alors la religiosité m'avait conduit, la foi en la puissance du double, et en ma lutte contre lui. Mais maintenant que la promesse de nous réunir tous les quatre, formulée le matin (et ce matin me paraissait déjà la veille), arrivait à échéance, maintenant que la réalité semblait entrer en ma possession, puisque tout ce que j'avais pensé devenait plausible, je me rendais compte que de cet homme je ne savais presque rien et qu'il fallait, pour réussir, l'atteindre au cœur.

Je l'avais si rarement vu que, si je cherchais à le faire apparaître, il apparaissait bien, mais, était-ce le déchet de la chimie urbaine, la résultante d'une série additionnée de gestes discontinus accomplis depuis la veille, qui, mélangés aux souvenirs vieux de treize ans, fabriquaient une image de synthèse ? J'avais une vision saugrenue, le visage de Kerouana ne ressortait pas et, comme dans certains portraits, il se laissait manger par le fond, ou s'estompait, parce que soudain je voyais surgir le profil à ses côtés d'un animal, une sorte d'oiseau exotique, bariolé, qui n'avait d'autre rôle dans ce tableau imaginaire que de me prévenir : là-haut m'attendait un visage si peu familier que je ne saurais peut-être pas comment m'adresser à lui.

Au quatrième étage, deux garçons assis sur les marches s'échangeaient des albums. A l'étage supérieur je franchis la porte que l'enfant avait laissée ouverte. Le couloir vide se terminait dans l'éclaboussure violette qu'un lampadaire de la rue projetait sur la fenêtre. Il ne s'y trouvait qu'une petite chaise en bois sculpté contre le mur de gauche, elle n'avait dû pouvoir s'inscrire nulle part ailleurs ; le dossier à motif oriental était auréolé.

Je m'assis. On me trouverait là. Si j'attendais, c'est que je n'entrais pas par effraction. D'un côté du couloir on feuilletait un livre, de l'autre j'entendais un bruit de rebond. Je cherchais une première phrase. Elle devrait prévenir les interrogations de Kerouana et alléger sa surprise.

Un peu plus tard, une jeune femme sortit de la pièce où elle lisait. Je me relevai et rencontrai un visage sans crainte qui me dispensa d'expliquer comment j'avais surgi sans introduction. Elle ne se privait pas de détailler les cheveux en broussaille ni la déchirure de l'imperméable. Ses lèvres s'arquaient vers le bas quand elle finissait de sourire, et se mettaient à trembler comme si le silence était sa forme de bégaiement. Elle me dit nonchalamment si vous devez le voir il est là, en m'indiquant une porte. – Avec ses très hauts murs vanille la pièce d'où elle venait avait les allures apaisantes d'un agrandissement de chambre d'enfant.

La porte d'en face, à demi ouverte, me permit d'observer librement encore une seconde. De profil, sans expression comme il demeurait, Kerouana ressemblait à une de ces photographies qui n'ont fané que parce que le sujet plus jeune, n'y collectionnant pas encore les ombres et les hachures accusées par la suite, paraît devenu fade, impalpable, et pour le coup sans caractère. Le type était resté celui d'un brun dolichocéphale, la peau fine réduisant la tête, le teint asiate, avec des cheveux d'une consistance anormalement grasse. Accoudé à la cheminée, il inclinait le sommet du dos, jouant avec sa fille qui lui lançait une balle d'un bout à l'autre de la pièce oblongue. Il tourna la tête et l'irruption de sa voix, à l'instant, laboura le visage aux longues pattes-d'oie encochées par le temps. En même temps qu'il me saluait de la manière la plus naturelle, il remuait les doigts de la main gauche pour rebâtir mon identité au plus vite. Avec un sourire désarmant, il qualifia ma visite d'inespérée dès qu'il entendit mon nom.

De part et d'autre une brève et miraculeuse satisfaction. Il accusait sa mémoire, et je le mettais hors de cause en rappelant que nous ne nous étions pas croisés souvent ; et voilà que nous nous engagions dans un débat inutile, lui persuadé que nous ne nous étions rencontrés que trois fois, moi croyant me souvenir de quatre rencontres, lui ne sachant pas où situer la quatrième si les trois autres ne laissaient aucun doute, tandis qu'incapable de la préciser je continuais d'affirmer qu'elle avait eu lieu. Nous restions à nous serrer la main. Il me disait sa joie, d'autant plus vive après tous les *torts* qu'il avait eus envers moi, et me demanda qui m'avait suggéré de venir ce soir. Je me détachai de lui et progressai dans la pièce, décidé à protéger ma force de persuasion et à poursuivre dans le projet de nous réunir une sourcilleuse logique. Tout autour le regard se perdait dans les partitions qui remplissaient les rayonnages. Son accueil, paradoxalement ouvert, supposait que nos retrouvailles seraient l'accomplissement d'une promesse nice entre nous quatre, plus ancienne que lui ou moi ne pouvions l'imaginer. Sinon je n'aurais pas fait l'effort de venir chez lui, je n'aurais pas osé entrer à l'improviste, pas plus que je ne lui aurais téléphoné. De notre réunion nous attendions tous un bienfait qu'aucun tête-à-tête, en ravivant les torts, ne pourrait procurer. Et il y avait longtemps sans doute que chacun avait souhaité cette réconciliation, mais cela n'apparaîtrait qu'à l'intérieur de la réunion.

D'ailleurs cette réunion n'avait rien de solennel. Elle était un cadeau du hasard et ce que le hasard et la recherche avaient rendu possible, nous n'avions qu'à en profiter immédiatement. Il ne s'agissait de rien d'autre que de dîner ensemble. J'attribuai l'initiative à Éveline, du moins avait-elle insisté sur la nécessité de la présence de Kerouana à cette table. Et j'avais renchéri. – Kerouana, d'une attention pointue jusque-là, avait de nouveau le visage inexpressif et lisse que j'avais vu par la porte entrouverte : dommage ! Dommage, disait-il plusieurs fois, il n'était pas disponible, sa jeune femme avait organisé *sa* soirée et convié des amis, il s'était même imaginé au premier instant que j'avais été rameuté par l'un d'entre eux. Toutefois nous disposions d'un peu de temps jusqu'au dîner, et il m'invitait à m'asseoir. Mais d'un autre côté, Éveline nous attendait avec Chloé, elles patientaient dans un café. Cette information inattendue le transforma sur-le-champ, imprimant à son visage la rage et la fatigue d'un vieux rêveur à l'issue du cauchemar qui l'a épaulé depuis la nuit des temps. Dans l'entrebâillement d'une porte au fond apparut alors la petite fille qui s'était enfuie dès mon arrivée. Kerouana traversa la pièce, franchit derrière elle un sas qui menait à une seconde porte et me laissa seul.

S'il ne revenait pas ? Après cette sortie je n'espérais plus le convaincre sans mal. J'avais usé ma force de persuasion en arrachant Chloé aux Lochères, il ne me restait que l'obstination. Je retirai mon imperméable et j'allai me rencogner dans le canapé qui tournait le dos à la fenêtre. Par-delà le couloir, j'apercevais les jambes de sa jeune femme tandis qu'elle était assise au bord d'un lit, divisée par la porte, le visage invisible. Inquiète du silence dans le salon, elle se pencha un instant, la stupeur fichée dans les yeux. – J'arrêtai son regard. Est-ce que je redescendrais sans lui ? S'il ne reparaissait pas, devais-je le poursuivre dans l'appartement ? Allait-il me faire attendre jusqu'à ce que la jeune femme me prévînt qu'il était allé se reposer ou qu'il s'était éclipsé par l'escalier de service ? Elle repoussa du pied le battant de porte resté libre. Une balle de tennis jaune traînait sur la moquette épaisse. Elle me renvoyait le souvenir de couleurs : ongles incarnats d'Éveline sur un rond de bière, dans le café où nous venions de nous arrêter ; ses paupières bleu-gris. Puis je me souvins de mes mains cerclant ses côtes autrefois : thorax brun et dur comme d'un immense insecte. Tant que dura notre liaison, et les soirs particulièrement où, renâclant à l'idée d'une assemblée lambertiste, Éveline préférait m'emmener au casino, je sentis la présence souterraine de Kerouana. Leur liaison avait-elle jamais cessé ? Même après treize ans ? Kerouana, pour finir, avait raison, je ne l'avais rencontré que trois fois. Je m'allongeai en travers du canapé pour ramasser la balle de tennis jaune, je la lançais de la main droite pour la rattraper dans la gauche et vice et versa sans trêve. La balle m'échappa après une longue partie.

Mais Kerouana ne m'avait pas tout à fait volontairement imposé cette attente. Un peu plus tard, je me heurtai à lui dans le sas qu'il avait traversé pour sortir, accompagné de sa petite fille qu'il tenait par la main. Nous nous réclamions, me dit-il en leur nom à tous les deux. Il rentra et alla s'asseoir, la petite fille dans les bras, derrière le bureau d'angle. Pivotant dans son fauteuil, il se tourna vers le canapé, orienté à la perpendiculaire du bureau à l'autre bout de la pièce. Je la traversai d'un pas obéissant pour reprendre ma place. Son visage était alourdi par la lumière de la lampe que la petite fille allumait, éteignait, et cetera. Kerouana la ramena contre lui, la serrant comme un bouclier, et la petite fille s'abandonna, couchée sur le torse de son père, le visage juste au-dessous du sien. Je ne le regardai plus lui, mais son enfant, lorsqu'il dit : Non, sincèrement, tu sais quel jour nous sommes ? Dimanche soir. Pense un peu, tu t'imagines que je pourrais laisser ma petite fille et ma jeune femme pour descendre avec vous autres remuer... Quoi ? L'amertume ? Pitoyablement remuer l'amertume et les vieux bourbillons... De toi à moi, resterait-il encore quelque chose que nous devrions agiter à quatre, qui nécessite que je me dérange, en admettant même que je sois libre ? Qu'est-ce que je peux pour toi ? Tu es de ceux qui voient passer quelqu'un dans la rue et qui retournent le lendemain à la même heure dans cette rue persuadés de l'y retrouver ?... Tout ceci il le disait avec une urbanité singulière, incongrue, distraite. Mais s'il tournait mon projet en ridicule, il parlait de nous sans distance, comme de ceux que l'on a encore rencontrés la veille dans la rue, et je le lui fis remarquer. Aussitôt je lui dis que Chloé n'allait pas continuer à vivre dans cette réclusion où nous l'avions laissée. Nous avions ensemble accepté de la voir prolonger ma sœur, et nous étions bien tous les deux à avoir regardé prévisible, inévitable sa perdition.

– Si nous avions formé une petite famille autrefois, dit-il, l'un de nous est-il mort récemment qu'on doive convoquer les autres ? S'agit-il de dissoudre une vieille association ? Vous ne voudriez tout de même pas la remettre à flot...

Et que signifiaient dans ce cas les *torts* auxquels il avait fait allusion tout d'abord, s'il manifestait maintenant une telle contrariété, une rancœur si vive qu'elle excluait toute rencontre ? Je lui rappelai, regardant toujours les mouvements de sa petite fille, que son tort fut d'employer un mot pour un autre le jour où nous avions été obligés de faire connaissance. Cette idée le mit dans une colère qui effraya la petite fille, mais, au lieu de descendre, elle se cramponna davantage pour faire corps avec lui, resserrant de sa main l'étreinte de Kerouana, et s'opposant à moi comme une cuirasse trouée d'yeux qui défendait son père. S'il maintenait qu'il avait des torts, en vérité *la folle* devait en prendre sa part. Il ne disait presque jamais Chloé mais, de même que Chloé l'appelait *le musicien,* Kerouana l'appelait *la folle, la folle qui est toujours revenue.* Il n'admettait pas que son tort fût littéral. Ne pas avoir dit morte n'était, de la part de Kerouana, qu'une intention de ne pas m'insulter car ce n'est pas un mot qui blesse, dit-il, c'est un mot qui insulte. Il avait employé le mot de disparu parce que d'autres mots lui avaient manqué dès mon apparition dans le corridor de l'appartement de la veuve. En présence de ce frère inconnu qu'il était chargé de prévenir, il n'avait peut-être pas trouvé la phrase juste, mais aussi, en m'annonçant que ma sœur avait *disparu,* il avait voulu me donner l'idée de sa course à travers les salles des universités de Londres, les bibliothèques de musicologie, les cantines pour étudiants, les hôpitaux, qu'il avait parcourus sans relâche, se renseignant partout, puisque à l'adresse de ma sœur qu'il était seul à connaître, il avait trouvé porte close à quelque heure du jour. Aussitôt après avoir dit « votre sœur a disparu », il avait reculé pour me laisser seul avec une nouvelle sans explication possible. Il s'était détourné, il était parti se réfugier dans le double-living et, tandis qu'il s'éloignait, j'étais comme repoussé, d'une main appliquée à la poitrine, dans un escalier que je dévalais à reculons, sans que j'eusse aucun autre recours que d'évaluer au plus vite la distance infiniment longue qui me séparait de la disparue. Et la chute ne finissait pas. J'écoutais mon souffle, je tâchais de le réunir au plus vite, de le rendre de plus en plus bruyant. C'était moi qui m'éloignais, et ma sœur ne bougeait pas, c'était moi qui disparaissais loin de ma sœur. Ayant rejoint le messager dans le double-living, je me laissai tomber sur une chaise, mon ventre bourdonnait, je déplaçai du pied la soucoupe qui recueillait l'eau d'une petite plante appartenant à Fleuri, la plante quitta le losange ensoleillé du plancher, et j'attendis, face à la fenêtre, les yeux vers la porte béante ou vers les toits d'ardoise, que déguerpît celui dont l'anonymat rendait la nouvelle plus certaine, plus véritable que si elle m'avait été portée par un des miens. Je ne voulais pas être seul avec mon chagrin. Je voulais être seul. Je ne voulais pas être seul pour penser. Je voulais être seul.

Pourquoi Londres ? avais-je fini par demander. Il avait alors rapproché l'autre chaise, se pliant vers moi avec une ombre de pitié, et je fus tout l'après-midi son otage. Lorsqu'il m'avait proposé d'aller me chercher un café dehors ou de placer une casserole d'eau sur notre réchaud à gaz, je l'avais prié de me laisser en paix, mais il avait voulu me fournir des indices, ce que je ne lui demandais pas : me précisant que ma sœur s'était installée là, sans le dire à personne qu'à lui, et qu'après quatre mois il s'était senti obligé d'aller lui rendre visite ; me montrant la lettre où ma sœur lui avait confié son adresse comme un secret, et lui avait écrit *c'est tout ce que tu peux pour moi, c'est misérable, mais garde-moi ainsi ;* me donnant le détail de ces deux jours, depuis son arrivée à Londres, qu'il avait passés à la chercher tous azimuts jusqu'à faire forcer par un serrurier la porte derrière laquelle elle s'était allongée habillée, après avoir tenté de boire une demi-tasse de bouillon. – Là-bas à Londres, avait-il dit, la vie s'est rompue en quelques minutes comme si c'était à mon approche, tout s'est passé au-dedans... Je ne sais pas le choc qui a eu lieu à l'intérieur d'elle... Ta sœur m'attendait à Londres depuis quatre mois. Elle vivait dans la réclusion, dis-toi qu'elle ne pouvait pas continuer ainsi, avec l'idée qu'elle allait toujours voyager sans que personne sache plus jamais où elle était...

Je l'avais écouté. Surtout j'avais entamé un combat. La distance créée par la disparition était insurmontable. Je me disais qu'il fallait oublier ma sœur immédiatement. Si je ne l'oubliais pas dans l'instant, je pleurerais des années. Il ne me suffisait pas de rapatrier la vie et les couleurs, et puis, parfois, par la pensée, de rendre visite à ma sœur, comme à un joyau qui a droit à un regard solennel et rare. Je devais faire que de tout le passé elle fût grattée et redevînt absente. Or cette décision radicale ne me demanda pas plus d'un après-midi, et j'en tenais Kerouana pour responsable, car elle n'aurait pas été possible s'il avait choisi un autre mot que *disparu*, une autre phrase pour me porter l'annonce.

Tout le temps de ce voisinage indifférent, où nous étions restés assis en parallèle comme sur un seuil deux hommes qui parlent et ne regardent rien, mon apathie, mon silence lui avaient laissé percevoir l'absurdité de sa situation. Au point que soudainement il s'était excusé de l'absence de Chloé, pensant que cette absence augmentait mon chagrin. Et je lui avais demandé si c'était Chloé qui l'avait chargé du message.

Elle l'avait rejoint. Après deux jours de vaine recherche, il l'avait appelée en désespoir de cause. Il lui avait demandé de faire le voyage, de venir l'aider à chercher la disparue, il avait dû la supplier parce que ma sœur n'avait même plus écrit à Chloé, depuis qu'elle lui avait présenté Kerouana lors de son dernier passage à Paris, et Chloé n'était plus certaine de leur amitié. Dans cette dernière période, Kerouana avait offert plusieurs fois de la voir, et Chloé n'avait jamais répondu, « vous êtes l'ami de Mayotte », disait-elle pour refuser. Mais cette fois elle avait accepté. Elle l'avait retrouvé dans la chambre de Londres, qu'il avait fait ouvrir avant son arrivée : une chambre basse, avait-il dit, au plafond qui venait en visière. Après, lorsqu'ils rentrèrent tous les deux vers le continent, sur le bateau, Chloé lui avait déclaré son intention de ne plus revoir la famille ni les amis de Mayotte. Puisqu'il était seul détenteur de *l'adresse de Londres,* il devait exécuter la volonté de l'amie que tout le monde imaginait ailleurs en Angleterre, lui seul ayant mesuré le risque qu'il avait fait courir à Mayotte en venant la revoir, et le risque qu'il lui avait fait courir en n'étant pas venu durant les quatre derniers mois de sa vie. Au nom de leur amie, ou de sa disparition, il lui revenait de me prévenir, et la nouvelle m'arriverait moins brutalement de la bouche d'un inconnu.

Elle ne lui avait pas laissé le choix. En excusant son absence, Kerouana se déchargeait. Il crut à ma réaction que je l'aimais et qu'il me délivrait de surcroît un message de rupture. Mais si elle était coupable à mes yeux, c'est qu'en refusant de m'annoncer la mort de ma sœur, elle la rendait secrète. Ce que m'avait dit Kerouana ne m'apaisait pas. Il le savait, il supposa qu'il serait pour toujours en dette avec moi. J'étais encombré de sa sollicitude, je ne voulais partager avec lui ni douleur ni explication. Du reste, je n'avais plus besoin d'explication. La mort de ma sœur dénouait l'angoisse que j'avais éprouvée chaque fois qu'elle m'avait parlé de son amour des voyages, de son désir de voyager comme de l'unique refuge. Ma sœur n'était pas faite pour vivre seule. Il ne me manquait rien pour comprendre sa mort. Lorsque Kerouana me remit un livre lui ayant appartenu, je ne sais s'il l'avait choisi avec Chloé, je lui répondis que je ne voulais d'aucun souvenir.

Je n'assistai pas à la cérémonie funèbre, mais à l'heure où l'on déchargeait le fourgon je passai dans la rue du cimetière, et, de loin, la forme anguleuse, claire, astiquée, aperçue comme une preuve, l'image du cercueil hérissé de lumière me fit dans l'instant éclater en sanglots.

« La folle avait eu tort de m'obliger à venir te voir. Elle m'accusait d'avoir accéléré la disparition de ta sœur en allant à Londres, ou d'être seulement venu pour la constater. Elle a eu tort, répétait Kerouana enlacé à sa petite fille qu'il laissait manipuler la lampe, et elle a eu tort de revenir avec toi me chercher, je ne lui aurais jamais rien demandé. Elle aurait mieux fait de rester auprès des laques et des meubles chinois de sa mère au lieu de se rappeler à nous... Mais les torts que j'ai eus avec la folle ne te regardent pas, je les ai partagés avec elle, elle se trompe si elle t'a dit que j'ai eu tort de vouloir l'aimer, je n'ai jamais voulu l'aimer, à cette époque je n'ai jamais rien voulu, à cette époque j'étais ce qu'elle est devenue... et j'étais seulement disposé à payer, parce que c'est une façon de survivre quand on ne veut rien. Quelqu'un était mort de m'avoir aimé, après quoi je me suis prêté avec un grand fond d'indifférence comme quelqu'un qui doit payer en aimant à son tour, mais pourquoi reparler de cela ? Ah, tu me demandes un beau geste, dommage, j'ai pensé tout à l'heure que tu avais lu mon nom, que tu voulais savoir ce que la vie a fait de moi, avec amitié, savoir si j'avais mieux réussi la suite que le début... Mais ce n'est pas l'objet de ta visite. J'ai parlé de tort parce que ton intrusion m'a fait sursauter, ensuite les choses pouvaient prendre un tour plus amical... A Londres, la vie s'est défaite d'un coup... Et Chloé en est devenue folle, comme s'il lui manquait une âme sœur... Vous voudriez parler de cela devant Éveline, mais Éveline était la seule qui montrait un peu de bonté envers moi, pourquoi l'obliger à supporter cela ? Elle continuait de m'entretenir, elle venait me voir en l'absence de la folle, elle me disait prends cet argent, ça te fera oublier que tu souffres d'être avec elle... Elle me le donnait avec cynisme, elle ironisait, je n'avais de goût à rien et cela me soulageait de toucher de l'argent pendant que je restais avec la folle. Nous restions à prolonger une veillée funèbre. Je ne sais pas comment cela a pu durer six ans, je vivais à la frange de la vie en abusant du pouvoir de subir et de ne pas comprendre... Très vite j'ai voulu arrêter, je ne savais pas comment... Rien ne m'y aidait. Mais après six ans j'ai eu envie de quelque chose. J'ai voulu perdre ce pouvoir de tout observer comme si j'étais couché à longueur de temps, et je l'ai refilé à Chloé. Elle ne savait qu'imiter, ta sœur, par la suite moi, c'est moi qu'elle a imité, elle a pris ce qui mourait en moi... Et le plus triste c'est qu'aujourd'hui, au lieu de nous avoir réunis, tu vas emporter l'impression d'avoir été congédié. Et je n'y peux rien... »

Mon échec, notre échec, pensai-je, le sien tout autant que le mien, en allant m'accouder au marbre de la cheminée, pour éviter son regard, qui me fatiguait. La petite fille aux jambes pendantes, protégée par le bras en garde-fou légèrement devant elle, semblait collée à lui par la seule pression de son corps, comme dans ces cylindres de foire dont la base circulaire se dérobe et où la clientèle lévite plaquée au mur. J'essayais de reprendre le fil de ma pensée – où en étais-je avant l'éclat de Kerouana ? – tandis qu'il me demandait, d'une voix redevenue monotone et douce, si je préférais m'en aller tout de suite, ou rester encore un peu... J'allai me cogner contre la vitre, et soudain j'aperçus la silhouette de Chloé. Elle était arrivée. Éveline n'était pas à côté d'elle. Elle arpentait la rue. Je passai de l'autre côté de la cheminée pour l'identifier plus certainement depuis la fenêtre de gauche. Aussitôt après je fis un pas pour reprendre ma place sur le canapé, et je vis alors Kerouana qui faisait voler sa petite fille et qui la déposait sur la moquette dès qu'il eut surpris mon regard. Il se précipita à son tour. Chloé marchait sur le trottoir d'en face, sans regarder l'immeuble. Kerouana ne se recula pas. Même lorsqu'elle leva les yeux, dans une direction légèrement différente, en nous cherchant dans un immeuble voisin d'où venait une musique, il ne voulut pas une seconde se dissimuler. Je ne lui ai pas demandé d'attendre là, dis-je. Je vais tout de suite lui faire savoir qu'elle peut s'en aller, dit Kerouana, et il sortit dans le couloir. La petite fille s'interposa devant moi lorsque je voulus le suivre.

Elle prit mon imperméable et me le donna. Puis elle retourna vers le siège où son père avait été assis et, sans me quitter des yeux, recommença d'éteindre et d'allumer la lampe. Elle se mit à rire parce qu'elle croyait m'attirer alors que je ne faisais que m'éloigner de la fenêtre. Quand j'arrivai devant elle, à l'instant où elle crut que j'allai saisir sa main pour l'interrompre, Kerouana revint. Elle quitta la pièce par le sas, en espérant l'entraîner. Il avait les yeux pleins de larmes. Brusquement il voyait que ce qui s'était terminé se poursuivait dans un autre espace, avec constance, qu'une résonance invariable nous attachait les uns aux autres, qu'il n'y avait pas de fin, mais nous nous connaissions si mal qu'il n'y avait pas eu de commencement davantage. Celle qui pouvait comprendre notre lien était morte. – Pendant ce temps, la femme de Kerouana, sans doute avec la même douceur qu'elle m'avait témoignée, s'était chargée de dire à Chloé *vous ne pouvez pas rester ici.* Je comprenais Kerouana parce qu'il me donnait raison. Il avait négligé ma sœur comme je l'avais oubliée, et si je l'avais oubliée, c'est que je l'avais négligée avant qu'elle disparût. C'est ainsi que cela avait commencé. Je pouvais maintenant lui raconter la promenade sur le sentier de montagne et ma promesse et mon arrivée auprès de Chloé, non pas tout à fait vivante, emmurée vivante plutôt, ma tentative de l'emmener loin de là, de les réunir tous, qui prouvait la force de son apparition et la violence de ce qu'elle nous réclamait.

« Comment peux-tu y croire ? C'est donc toi qui as voulu nous réunir ? La folle a le pouvoir d'apparaître, de revenir ? Mais ce pouvoir ne déplace pas la ligne de partage des morts et des vivants. Ta sœur n'a pas disparu, elle n'est plus.

« Chloé espère nous ramener à une obscurité inoubliable. Elle est venue me visiter moi aussi, il n'y a pas si longtemps, deux ans peut-être. Je l'ai reconnue à sa respiration, à l'enclenchement très particulier de sa respiration, elle n'a pas eu besoin de dire un mot. Je l'ai reconnue immédiatement, même si je ne savais plus rien de son existence, quand elle s'est manifestée par un coup de téléphone en pleine nuit. Elle a commencé des phrases qu'elle ne finissait pas, rien que pour gagner du temps, se donner du courage, et me faire oublier l'heure. Mais à la place des blancs, j'avais dans l'oreille sa respiration oppressée. Elle me roulait progressivement vers cette zone où les paroles se distinguent à peine du souffle. Et après avoir recréé cette intimité téléphonique, qui n'avait d'autre but que d'abolir le temps, elle m'a expliqué qu'elle m'appelait en dernier recours. Il fallait rester très attentif pour suivre le lacet des phrases, ce que venait y faire un personnage aussi fantastique que le Brésilien du Wepler, elle répétait : " je ne sais pas où le trouver, la brasserie ne répond pas... ", je suppose qu'il lui servait de gourou téléphonique dans ses nuits de solitude, à Bougival, c'est là qu'elle habitait et, bien sûr, je ne pouvais pas me substituer au Brésilien, je ne pouvais pas servir de conseiller, d'ailleurs elle ne demandait pas de conseils, elle voulait être protégée, on la menaçait, tant qu'*ils* nous entendraient parler *ils* n'oseraient pas fracturer la porte, parler suffisait à *les* tenir à l'écart, au premier silence *ils* feraient incursion. La veille, deux inconnus l'auraient épiée depuis la route, pendant qu'elle repassait du linge dans la cuisine, et ils revenaient plus nombreux faire du vacarme devant sa porte.

« Il n'y avait pas de vacarme. Il n'y avait que du silence autour d'elle. Incapable de formuler les menaces dont elle était l'objet, elle geignait, elle murmurait, tout ce qu'elle me dirait pouvait être retenu contre elle. Mais au lieu de continuer à l'interroger, je me suis mis à l'écouter comme si de l'autre côté de sa porte on tapait effectivement des coups et qu'on proférait des menaces pour de bon. J'ai posé l'appareil à terre. Elle était allongée là-bas et je m'allongeai ici.

J'étais nu, étendu devant le canapé, le combiné comme une planchette entre le tapis et ma joue, là où tu es. Je lui répétais : c'est l'épuisement, un cauchemar qui déborde dans l'espace de la chambre, elle me répondait, avec un accent de misère qui me rendait définitivement incrédule et qui me paralysait autant : « j'ai peur », de la voix épuisée de certaines gens qui traversent le jour comme une longue insomnie et redoutent encore plus le sommeil.

« Et je me suis endormi sur cette moquette. Anne ne s'est pas réveillée, elle n'a pas senti mon absence à côté d'elle. Plutôt je m'endormais quand la folle se taisait et j'essayais de me réveiller quand elle parlait, ou de cacher que je me rendormais à chaque instant. Mais ses appels au secours ne suffisaient pas encore à m'installer dans l'insomnie. Au début du moins, ce début avait peut-être duré une heure, lorsque j'ai proposé de venir à Bougival. C'était un piège, la parade était facile : sous prétexte qu'il n'y aurait aucune voix pour la protéger, pour la couvrir pendant que je serais en route, elle m'ordonna de rester où j'étais. Et moi – au lieu de répondre que, si la menace avait une ombre de réalité, je n'allais pas me tenir au téléphone, à attendre ce qui pourrait arriver –, ponctionné, comme à l'annonce d'une catastrophe, quand tu comprends soudain que tu n'as jamais rien compris aux battements de ton cœur ni à la circulation de ton sang, je ne trouvais rien à inventer. Elle les entendait qui s'apprêtaient à incendier son lit et les meubles, mais, tant qu'ils savaient que nous parlions, ils n'interviendraient pas, et c'était elle qui me criblait de questions parce que je parlais de moins en moins. Je calculais que moins je parlerais moins je l'entendrais ; moins j'aurais parlé, plus vite j'aurais oublié son appel. Elle me faisait promettre que je resterais en ligne quoi qu'il arrive. Je n'ai pas promis tout de suite, je répétais " je suis là ". Dix fois de suite, dix fois de suite " je suis là ". Je lui suggérais de rappeler le Brésilien du Wepler qui pouvait être rentré... Mais ce soir elle voulait m'atteindre moi, elle a fini par le dire, de sorte que je ne savais même plus si ce type avait davantage de consistance que ses fantômes derrière la porte. Je n'étais plus le remplaçant, la doublure. Et cela m'a définitivement réveillé. Je me tenais plié en trois comme une lettre, surveillant la moindre de mes émissions, tandis que son souffle venait s'écraser contre mon oreille. Les rideaux étaient tirés, la pièce était restée dans l'obscurité. Accroupi comme un singe au milieu de la moquette, j'avais besoin de la vue des objets. La folle pénétrait de plus en plus finement mes réactions, mes tentatives de mouvements ; si elle sentait une chute d'attention, maintenant qu'elle avait réussi à me réveiller complètement, elle envoyait son souffle comme un chant, un peu plus fort. J'allumai. Ma situation paralysée, mes pauvres " oui ", déversés par-ci par-là pour la consoler ou lui garantir ma présence, les objets, tout était si fade, les partitions, les étagères blanches, la bouteille d'alcool dans le coin, la boule d'ivoire sur le bureau, ma propre voix, qu'il ne me venait plus aucun secours de nulle part. Elle, en n'arrêtant pas de parler, avait le pouvoir de se déplacer, de venir jusqu'ici, tandis que je m'épuisais en l'écoutant, et que mon silence me vidait, et cela me rejetait dans ce lac étrange où le réveil est incertain. Je me ressaisissais, mais si je l'incitais à quitter son lit, à se délivrer en demandant l'hospitalité à un voisin, cela ne servait à rien, je lançais des paroles dont on peut se répéter à la seconde qui les précède qu'on en avait pourtant prévu le désastre. Elle me manœuvrait, avec d'autant plus d'aisance que dans son délire elle trouvait une réponse à tous mes conseils de fuite : elle continuerait seule à vivre dans l'univers d'un homme qu'elle appelait " le défroqué ", une chose était qu'il l'avait abandonnée, mais elle continuerait, et ainsi de suite. Elle m'enveloppait dans ses litanies et, de mon côté, j'arrachai la fiche de la lampe en me disant que je préférais, tant pis, être aveugle dans ce fleuve souterrain où elle me charriait, l'oreille brûlante, le corps froid, et les membres jaunâtres dans l'obscurité qui ne semblaient plus qu'un peu de gaz en mouvement au-dessus du sol. Finalement je promis. Je promis de rester auprès d'elle tout le temps qu'il lui faudrait pour s'endormir, et même tout le temps qu'elle dormirait, jusqu'à *leur* départ. Ça l'intimidait, sa voix devenait plus fragile. Elle disait : je ne pourrais peut-être pas m'endormir avant l'aube. Je la tranquillisais en l'assurant que je veillais, et que si je les entendais, je lui reparlerais à l'instant. Je m'étais remis à marcher dans la pièce tandis que, là-bas, son corps froissait le drap et se retournait. Tout à coup, j'ai senti sous mes pieds les vibrations du premier métro, mais je n'arrivais pas à croire qu'il s'était écoulé cinq heures depuis que nous parlions. Les mouvements dehors ou les circulations dans l'immeuble me traversaient des pieds jusqu'au sommet du crâne. Le moindre silence là-bas me laissait espérer que la folle avait basculé dans le sommeil, mais à chaque fois sa respiration rebondissait, sa voix rauque, son souffle désolé qui relançaient la machine : *les autres,* même s'ils n'étaient plus que deux, s'étaient décidés à répandre du kérosène dans la maison dès qu'elle serait endormie. Elle me suppliait de la maintenir en état de lucidité. Et alors il a fallu que je parle doucement, patiemment, que je me rapproche peu à peu de l'autre époque, que je lui dise de dormir et que je l'aimais, parce qu'à l'autre époque je m'y forçais, lorsqu'elle aussi faisait cet effort immense et se jetait dans un autre corps, un corps d'amante qui n'était pas le sien, je sentais que ce n'était pas le sien, elle se jetait dans le corps de ta sœur qui aurait voulu m'étreindre mais elle n'y parvenait jamais, et nous n'étions nulle part... Plus nulle part... Il se trouve que j'ai réussi à la faire passer dans le sommeil. Je l'ai repéré à un infime décalage de sa respiration. Il ne me parvenait plus rien. Je me retenais de bouger, je craignais de la réveiller, la ligne fonctionnait à vide. Et il y avait très longtemps que je ne m'étais pas senti pauvre, privé de tous, comme en cette fin de nuit. Je ne pouvais plus retourner auprès de ma compagne. J'éloignais le combiné, je le tenais en l'air, ça ressemble à un os. Si les services du téléphone pouvaient s'apercevoir que personne ne parlait plus sur la ligne, s'ils pouvaient prendre sur eux de débrancher... Voilà toute la pensée qui restait là-dedans. Plusieurs fois je murmurai " Chloé " pour m'assurer de la profondeur de son sommeil, et cela suffisait à me donner l'impression de mentir. Dès que j'avais un étourdissement, je me pinçais le cou, pour tenir ma promesse. Et puis j'ai eu peur d'entendre rejaillir ses reproches et cette peur, soudain, m'a signalé la comédie, j'ai appuyé deux doigts sur les dents de la fourche. Le jour ne se levait pas. Après la coupure, rien n'avait changé, ni de ce que je voyais ni de ce que j'entendais, puisque, à la fin, le souffle de la folle ne m'arrivait même plus. – Est-ce que j'étais seul ou non ? Je restai les yeux ouverts, j'allai à la fenêtre, je me laissai bercer par les premiers nuages du jour. Je me suis écroulé. Il n'y avait pas une heure que je m'étais endormi quand la nurse venue pour ma fille entra dans la pièce et cria. J'ai sursauté et, un instant après, la folle n'existait plus vraiment. Il a suffi que je le dise pour qu'elle soit à moitié morte. »

Les hôtes de Kerouana étaient arrivés, on les entendit dans la pièce voisine. Désignant la porte du fond, il me dit : « Accepte de rester avec nous... Je n'avais rien compris quand je suis parti à Londres, j'y suis allé pour dire à ta sœur que je ne garderais plus le secret de son adresse, et je n'ai jamais cru qu'elle était morte pendant que je faisais le voyage. Elle était morte avant même que je parte. Le jour où tu m'as connu, j'ai su d'un coup que ta sœur était morte d'avoir continué d'aimer sans illusion. Elle m'avait dit sur la passerelle du bateau entre Brighton et Dieppe qu'elle continuerait sans illusion. Dès notre première rencontre, dès qu'elle m'a vu dans l'église où elle jouait de l'orgue, elle a cessé de pouvoir me quitter. Quelques jours après, comme nous rentrions d'Angleterre, elle a tenu à nous raccompagner jusqu'à Dieppe et, pendant qu'Éveline était allongée sur les fauteuils du salon, elle m'a entraîné. Elle m'a dit " ce que je vais te dire tu ne le comprendras pas ", et je la regardais avec une telle stupéfaction qu'elle s'est arrêtée, elle a conclu aussitôt, " mais enfin il vaut mieux que je ne t'en reparle plus, il nous reste les voyages ". Elle m'a sur la passerelle saisi la bouche avec force, elle ne m'a plus jamais rien demandé. Elle venait me rencontrer à Paris ou à Dieppe, et elle ne m'a rien demandé, plus rien, qu'à la fin de garder le secret de son adresse... Je ne pourrais pas oublier qu'elle ne m'a rien demandé, elle m'aimait, et c'est bien pour cela qu'aujourd'hui je préférerais savoir que la folle est morte. Au moins, j'ai le courage de le dire. »

Il me fit traverser le sas entre les deux portes. A

peine eut-il embrassé cinq ou six personnes qu'il s'installa au clavecin, se mit à jouer, longtemps, et durant toute l'exécution, la porte s'ouvrit de plus en plus grande sur leurs amis venus fêter une occasion ou une date mystérieuse, finalement peut-être rien que le début de l'automne. J'aurais voulu lui dire, quand les invités se seraient retirés, que je n'avais pas fait d'erreur d'interprétation, que Mayotte avait disparu, il ne pouvait rien dire d'autre puisque personne n'avait vu son double. – Mais parmi les retardataires je vis rentrer Éveline. Ce que je vis d'abord ce furent ses jambes, comme le paraphe de Dieu au bas d'un corps d'amante.

Après le deuxième mouvement je fis un signe à Éveline et je m'esquivai. La gamine courut derrière moi, un fouillis de linge sur les bras, qui était mon imperméable, et repartit aussi vite après me l'avoir jeté aux pieds sans une parole. La musique transpirait dans la cour pavée. La location étant échue depuis quelques minutes, bien entendu ma vieille Peter Pan s'était évanouie avec le véhicule. Le portail rendait un son de pluie. Je cherchai Chloé dans un renfoncement à l'entour. Enfin Éveline me rejoignit : au Wepler, Chloé avait soudain changé d'idée. Elle voulait revoir Kerouana tout de suite et elle l'avait entraînée rue Saint-Senoch. Mais, devant la porte, elle s'était mise à trembler. Et lorsque Anne était descendue pour lui transmettre un mot de la main de Kerouana, elle était repartie aussitôt. Tu aurais dû nous préparer à nous revoir, me disait Éveline. Nous restions tous les deux, avec mes convocations échouées.

Pourquoi courir, demandait-elle ? Je pensais, Chloé a pu repartir aux Lochères, mais ça n'est pas vraisemblable, elle a dû rejoindre le *Brésilien du Wepler*. Nous marchâmes vers Clichy, à travers les rues en biseau jusqu'aux avenues dites du bon XVIIe, où des landaus extirpés de voitures cahotaient vers les seuils, et à celles d'après, qu'arpentaient deux Noires splendides à bouches de cinabre.

J'espérai avoir avec Éveline la force de convaincre Chloé de ne plus retourner aux Lochères, comme si Paris était la raison, les Lochères un asile. Mais il n'y avait personne au Wepler, ni Chloé ni le Brésilien que je pensais pouvoir identifier, non, ni sur les banquettes de velours ni près des téléphones. Éveline m'attendait à la porte. En regardant je rêvais d'avoir une vision moins éparse, parce que, subitement, le spectacle des clients silencieux devant leur bière ne me donnait plus envie que d'une soirée molle et vacante. Dehors un homme achetait un journal, je l'imitai.

Éveline croyait que j'avais continué à voir régulièrement Chloé, tout comme Kerouana et elle s'étaient revus. Elle avait seulement espacé leurs rencontres depuis qu'il s'était marié, puis il avait déménagé sans la prévenir.

Je la suivis. J'étais sous l'emprise du moment où tout avait basculé, de l'instant où Chloé apparut à travers la fenêtre, et où je mis en doute son apparition, laissant à Kerouana le temps de la congédier, de la chasser de *son trottoir ;* et je voyais Chloé, la grande personne démunie, plus qu'un enfant, perdue dans la ville.

Nous ne restâmes pas longtemps dans son appartement, un vaste rez-de-chaussée, une réserve de chiffons et de bibelots, avec d'innombrables provisions, comme à la veille d'une pénurie. Je tombais bien, elle cherchait à faire le vide. Ainsi elle me fit essayer un fauteuil que l'on chargea ensuite dans un taxi, un fauteuil qui avait voyagé à travers les pays, depuis Vienne à l'époque de l'Anschluss, et qui lui venait de son grand-père. Nous le déposâmes dans le hall d'entrée de mon immeuble. Puis le taxi continua.

Il était déjà tard quand nous nous glissâmes parmi le menu peuple tremblant du casino d'Enghien – Coréens essoufflés, jeunes couples kabyles, rescapés des Balkans, Cambodgiens venus en dynasties, et ces vieilles éclopées en charentaises que des garçons de salle traînaient d'une table à l'autre, vers leurs places réservées. Notre vieille martingale ne pouvait pas nous aider, on ne jouait qu'au chemin de fer. Nous misâmes sans connaître le détail de la règle. La table était masquée par des satellites qui, d'un bout à l'autre, se hâtaient pour recueillir des plaques ou conseiller un de leurs parents ; nous jouions en promeneurs, cherchant des brèches pour suivre le destin de nos jetons. Un champion du comptage, couronné comme un clown d'une lame de cheveux rouges se projetant d'une tempe à l'autre, s'offrit à nous servir d'auxiliaire, mais Éveline se laissait davantage inspirer par les indications qu'une jeune Cambodgienne prodiguait à sa mère. Une femme, dans un tailleur aux couleurs du tapis de la salle, le nez chaussé d'épaisses lunettes quadrangulaires et biseautées, laissait glisser des plaques de 5 000 francs dans un sac en simili jusqu'à ce que, vers la fin de la nuit, elle eut perdu 40 000 francs en quelques coups.

Nous sortîmes derrière elle. La femme s'arrêta pour regarder les lueurs graisseuses du lac d'Enghien à l'odeur de pneu brûlé. Nous rentrâmes avec elle par le premier train. Les journaux du lundi ne barricadaient pas encore les visages. Nous n'étions même pas étonnés de la brièveté de la nuit. La femme en face de nous voyageait sans billet, son corps lourd, épuisé, faisait peine à voir. Je lui souriais sans qu'elle parût le remarquer, mais après Saint-Denis elle se risqua à nous demander si nous avions eu la main. 4 000 francs de gain étaient, selon son expression, un avenir. Elle baissait les yeux, consternée de sentir le retour des gelées blanches et celui des rhumatismes, qui lui barreraient la route d'Enghien dans les six mois de la basse saison. Subitement elle pointa la vitre, « regardez, regardez ces tristes fumées ! », et nous devions nous affliger avec elle de les voir hisser dans le ciel parme le monogramme de l'hiver. Elle se pressa contre moi pour franchir le tourniquet, dans la gare du Nord, puis très lentement s'éloigna par les couloirs et vers une rue, qui devrait la mener jusqu'à une maison du IXe arrondissement.

Éveline ne savait pas ce qui nous unissait depuis la veille au soir. Mais au moment de partager nos gains, émus tous les deux, nous reparlions d'un *départ d'aventure,* que l'argent nous laissait entrevoir, comme si nos retrouvailles pouvaient servir à rejouer le voyage manqué vers l'île de Wight. J'enlaçai son corps de danseuse dans la rue. Longtemps serrés, insaisissables, bien connus. Le jour se levait, les forces revenaient. Nous n'allions pas voyager tous les deux. On ne voyage pas pour se nettoyer, on voyage pour commencer, on ne voyage pas pour effacer.

Dans le taxi, sur la place de l'Étoile, elle revint à ma question sur les doubles des morts. Je voyais de grands sillages dans l'avenue. Et elle me répondit une deuxième fois : *s'il m'arrivait d'en croiser, je ne pourrais le dire à personne.* Je lui réchauffai les mains. Elle m'énuméra tout ce qu'elle avait à faire dans sa journée.

Nous échangeâmes quelques claques sur les bras, sur les épaules. Chez moi je trouvai les fleurs déposées par la femme-devenue-indifférente et je cherchai longtemps une place pour le fauteuil, lentement soulevé dans l'escalier, d'un étage à l'autre, ou plutôt le bon angle selon lequel un siège dépareillé allait infléchir la pièce. Je m'endormis dans le fauteuil à force de réfléchir à cette angulation. Peu après, une voix inconnue au téléphone, que j'attribuai au *Brésilien,* me réveilla pour me dire de ne pas m'inquiéter. Après un silence assez long, il m'informa que Chloé avait eu un léger accident. Je me souvenais de l'expression de Kerouana la veille, *ponctionné comme à l'annonce d'une catastrophe.* Elle s'était fait renverser au milieu de la place de Clichy et s'était cassé le talon. J'hésitai. Je changeai de vêtements. Je redormis dans le fauteuil. Je me rendis à l'hôpital l'après-midi.

Dans le couloir du service il vint à ma rencontre, Chloé avait beau l'avoir baptisé le *Brésilien,* on l'aurait plutôt vu muni d'un passeport Nanssen, héritier de trois ou quatre nationalités. Le dos très court, la démarche trottinante, soi-disant formé au cercle Hahnemann de Turin, les yeux pétillants lorsqu'il me demanda pourquoi je ne m'étais pas inquiété dès la veille si j'avais rendez-vous avec elle place de Clichy.

Il me proposa de faire un tour dans les cours de l'hôpital pendant que Chloé dormait. Cri pour cri, un merle ripostait à la douleur d'un enfant dans une chambre. Le vent décourageait les convalescents de venir s'asseoir auprès de deux socles aux inscriptions grattées. Je demandai au *Brésilien* si Chloé me tenait pour responsable de l'accident survenu.

Il secoua la tête. A l'angle du pavillon suivant, la voix de l'enfant ne s'entendait plus. Le *Brésilien* nota : « Ici, plus un son, aucun gémissement n'a assez de puissance pour atteindre le promeneur, l'acoustique est très en avance sur la médecine ! »

Nous marchions depuis un long moment lorsqu'il me dit : « Chloé avait trop parlé hier, elle a pensé aussitôt après l'accident que c'était ce dérèglement qui était cause de son imprudence. Elle a traversé la place en diagonale, sans rien regarder, elle venait vers moi. Elle a eu beaucoup de chance. »

Je dis que j'étais allé aux Lochères pour avoir croisé son double et par peur de ne plus la revoir. Il classait parmi les *infamies courantes* d'apercevoir *une ombre de chair*. Mais instantanément il me demanda de raconter dans le détail la promenade sur le sentier de montagne, et, finalement, se contredit : Chloé m'avait atteint par *le long trajet comme fait la bave de l'huître*.

Après avoir franchi une voûte, il s'arrêta pour m'expliquer qu'ils se voyaient rarement mais, comme elle était enfermée aux Lochères, il se tenait, lui, toute la journée à une table de brasserie, tous les jours de l'année, et la certitude de leur situation respective, précisément connue à chaque instant, leur suffisait pour continuer, elle dans sa pièce sans lumière, lui à la terrasse du Wepler.

Il ne disait pas ce qu'ils continuaient, « nous continuons en ne bougeant pas ».

En retournant vers le service il me dépassa et voulut connaître mon activité. Il me conseilla de m'occuper exclusivement de mon activité, de n'avoir plus d'autres soucis que professionnels.

Je l'arrêtai : « Et vous ? Qu'est-ce que vous êtes ? Un guide de lumière ? Un maniaque de l'aura ? – J'imite la réalité, dit-il, pour l'empêcher de disparaître, je la prolonge. – Et elle ? – Comme moi, elle ne bouge pas plus que moi, nous sommes quelques-uns. Il en faut. »

Il me prit par l'épaule lorsqu'on fut à la porte du service. Je ne pouvais devenir comme eux, car il ne me reconnaissait pas d'autre qualité que la curiosité. Il voulait m'interdire de lui rendre visite : « Chloé, dit-il, Chloé, elle, souffre, alors laissez, laissez.

« ... D'ailleurs les questions que vous vous posez retirent d'avance toute transparence aux réponses que vous pourrez y apporter. Alors laissez-la. »

J'aurais voulu, comme lorsqu'on accompagne un ivre mort dans une foule, qu'on veut être réduit à une part détachable de soi, une boule de vêtements qui aille se tasser dans l'angle d'un de ces murs gris, parce qu'on ne distingue plus qui, de l'ivrogne ou de soi, est le plus honteux, disparaître et le voir disparaître ; mais je n'acceptai pas son interdiction. Je pressai le pas dans les couloirs et, avant de franchir le seuil de la salle, je priai le *Brésilien* de me laisser tranquille avec elle.

Chloé sortit son bras nu et posa un instant sa main sur la mienne. Les malades tout autour parlaient bruyamment. Elle contractait rageusement le visage ou se mettait à rire à leurs propos. Quand je la questionnai sur sa douleur, elle enfonça ses doigts dans ma main. Le *Brésilien* à la porte me faisait face, mais elle ne pouvait pas le voir. Je lui proposai de chercher un endroit pour sa convalescence. Elle pinça les lèvres, cligna des yeux, détacha sa main et la referma. A voix très basse, de cette voix dont elle avait su charmer Kerouana, elle me demanda si j'étais effectivement passé par le bois de Louveciennes, comme je le lui avais raconté, lorsque j'étais allé à son ancienne adresse. Dans les années passées à Bougival, à la tombée de la nuit ou très tôt le matin, elle avait envie d'aller courir dans le bois, et sa course l'emmenait tout à travers, jusqu'à un champ abandonné, et à une maison à côté du champ. Un jour qu'il l'y avait rejointe, le défroqué lui avait promis d'acheter la maison, une sorte de chalet, et à ce moment il l'avait dégoûtée pour toujours, elle l'avait repoussé brusquement, elle avait dévalé à travers les arbres, et couru le long de la lisière, puis bien au-delà du bois, sur la route. Elle aurait peut-être aimé qu'on lui permît un jour de vivre là, mais il était trop tard. Et elle continuait : n'importe qui pouvait lui suggérer de s'en aller, de choisir une pièce avec vue, de renoncer à son organisation et à ses parcours infinis pour accumuler les journaux, mais ça ne l'aiderait en rien, ce serait comme de mourir à soi.

Elle se rappelait très bien son plus ancien avenir, l'horoscope que je lui rendis, avec son texte bleu retenu par cœur à force d'avoir été relu et interrogé chaque été villa Ninove, où elle l'avait laissé à ma sœur. Du moins pouvait-elle réciter le nom de *ses* pierres, de *son* jour porte-bonheur, de *son* chiffre, elle le regardait étonnée, comme à la réception d'une lettre portant un timbre d'autrefois.

« Est-ce que tu te rappelles, dit Chloé, le numéro qui avait suivi celui-là dans le spectacle ? Le fantaisiste qui était sorti du tiroir d'une commode, et qui s'était avancé, impassible, un pistolet dans la main, vers la banquette d'entourage, avant de le retourner contre lui et de se tirer dans la bouche ? Son haut-de-forme qui avait rebondi plusieurs fois sur son crâne, et lui qui avait craché une boule rouge qui semblait du tissu, devenue un rond de fumée avant qu'elle dessine un petit cumulus ? Le cumulus qui avait pris en s'élevant la forme d'un papillon de plus en plus large, et, au sommet du chapiteau, avait éclaté en une rosée de pétales mauves, pendant que se répandait autour de nous une odeur de pain d'épice ? Mayotte, qui a eu si peur, parce qu'à la fin le personnage se cachait dans son vêtement qui semblait tenir debout tout seul ? Et moi, qui lui courais après pour la consoler, en lui offrant mon avenir dans le couloir circulaire du hall d'entrée ? Le clown blanc, qui dans l'attente de passer son numéro l'a attrapée par la taille en lui interdisant de crier si fort ? Nous autres, tous les trois tournant dans ce couloir, à la recherche de la porte où ta mère nous avait dit de l'attendre ?... » Elle riait et les autres malades la regardaient.

Il m'avait toujours semblé que Chloé me guidait vers ma sœur, qu'elle me l'interprétait, qu'elle me rapprochait de ma sœur, que dans notre enfance elle avait été notre lien, parce que j'avais attendu dix-huit ans pour avoir une conversation avec ma sœur, qui fut la première conversation et la seule que nous ayons eue, lorsque je l'accompagnai à Brighton, où elle partait pour un séjour d'études, et que, quelques heures dans la nuit, elle me guida dans le labyrinthe des Lanes et sur le front de mer, se dépêchant toujours, puisque sinon un réverbère te resterait dans l'œil, disait-elle, bien plus longtemps qu'il ne vaut la peine d'être regardé, défrichant les rues de Brighton, en martelant le sol comme font les habitants et non les voyageurs, pour le fatiguer et marquer leur empreinte, me laissant surprendre sur son visage une expression ébahie qui nous invitait à jouir, tous les deux, de cette situation unique et luxueuse, d'un frère et d'une sœur s'accompagnant au moment où l'un des deux part pour commencer sa vie. Quand je lui avais demandé pourquoi elle avait voulu venir en Angleterre, elle m'avait répondu *l'amour de la langue*. Et elle avait continué de marcher, de filer dans la nuit, dans le noir, semblait-il, plus rien ne pouvait la trahir. La nuit est rapide, comme elle le disait, et cela signifiait qu'elle devenait rapide dans la nuit, où elle m'entraînait à sa cadence. C'était une nuit sans vent, plus chaude que la journée brumeuse. Ma sœur me racontait la ville, où elle avait su aussitôt se repérer.

Elle m'emmena dans ce pub où nous restâmes longtemps pour goûter plusieurs sortes de punch.

Le tapis rouge aux trèfles verts, le regard bienveillant des clients, la nonchalance des garçons en smoking, les crissements de la moleskine étaient comme des preuves que nous étions arrivés dans le monde à présent, admis à y circuler librement. Entre chaque gorgée ma sœur mordillait ses lèvres pour lécher l'alcool sucré dans les sillons. Elle avait les yeux bleus comme les aigues-marines. Je crus que nous avions parlé une heure sans interruption, mais quand je regardai l'horloge il s'était écoulé deux ou trois fois plus de temps. Nous avions résumé tout ce que nous pensions, échangé toutes nos opinions ; et, sans transition, nos projections d'avenir, avec grande liberté d'allure, il n'y avait plus d'effroi ni de méandres, qu'une ample tendresse, chaque réponse portait l'espérance d'être aimée. Une telle conversation ne demandait qu'à se prolonger, le monde entier comme nous le connaissions alors était passé dans la conversation. Ma sœur disait qu'elle voyagerait toujours, une vie de voyages la seule viable, elle voyagerait à se rompre le cœur, partie une première fois elle continuerait sans cesse. Sa parole était souple, sa vigilance sans orgueil, elle promenait un regard scrutateur, blessé et serein, comme par-dessus la haie vers un paysage où l'écho est vide encore. Au retour, elle marchait de son pas avide dans les rues inconnues de Brighton, comme on froisse dès son acquisition un vêtement convoité en se l'appropriant un peu plus par cette usure factice. Elle voulut revenir vers la mer. Nous longeâmes les longues roches claires, pareilles à des momies chevelues, elle ramassa un gant roui, de la texture du goémon, plein de coquilles de moules qui avaient gonflé les doigts, et dont le cliquetis produisait une musique ; soudain, à la vue du gant, je lui demandai de rentrer tout de suite. Sur le seuil de la maison, où elle allait vivre jusqu'au jour où elle s'enfuit à Londres, nous eûmes ensemble l'impression de pénétrer dans une demeure vide que nous allions nous répartir à mi-voix.

Mais à Chloé l'Angleterre n'évoquait que sa rencontre seule à seul avec Kerouana, dans la chambre de Londres, où ma sœur était étendue auprès d'eux. Elle se souvenait des joies de l'enfance, et moi je préférais les oublier. Elle se sentait fatiguée, elle dit qu'il valait mieux cesser de lui rendre visite, plutôt que de se fatiguer à venir la voir et lui parler. Seule la visite de Kerouana lui ferait du bien. Elle pensait à lui sans cesse. Mais Kerouana ne viendrait jamais la voir, ni à l'hôpital, ni aux Lochères, et je lui dis *essaie de ne pas continuer.* Elle m'interrompit, elle reprit : la visite du musicien lui ferait du bien, parce que lui était resté si longtemps auprès d'elle dans le déséquilibre et le vertige de l'absence qu'il ne pouvait pas avoir tout oublié, comme moi j'avais tout oublié, il lui ressemblait trop. Et elle me demanda d'aller lui acheter des journaux.

Pour acheter tous ceux dont j'avais lu les titres dans le studio des Lochères, il fallut me ravitailler dans différents kiosques. Au retour, j'empruntai une rue parallèle et je me trompai dans les cours de l'hôpital. Il me semblait être déjà venu bien souvent, sans avoir jamais eu à parcourir une distance aussi longue. Je m'assis dans un renfoncement entre deux corps d'immeubles, non loin d'une statuette. La tête penchée, et aussitôt la pensée de la veille, plus accaparante que la veille, plus vertigineuse, une pensée qui n'était pas à moi, une pensée transmise par Kerouana, d'un combat qui continue, d'une partie qui se perpétue en se déplaçant... – Et je voyais que je repasserais régulièrement devant la façade du Wepler, que je jetterais un œil, que le *Brésilien* ferait parfois un signe en me voyant, d'un geste frêle et cynique ; et que j'assisterais une fois, peut-être plusieurs, à des concerts de Kerouana, sans plus jamais lui parler ; qu'un beau jour le *Brésilien* aurait disparu du Wepler, ce qui signifierait que Chloé aurait disparu des Lochères. Pour finir, un matin où je serais reparti en promenade, je croiserais encore une fois son double, si besoin est.

D'une fenêtre insituable j'entendais des phrases en séries, et toutes les séries identiques, d'une femme qui hurlait qu'on laissât la fenêtre ouverte, qu'on cessât de lui interdire de respirer l'odeur des feuilles mortes. Le banc était froid, mais je n'arrivais pas à bouger.

J'écoutais le cliquetis lointain d'une vaisselle pour des centaines de couverts, parfois une vapeur tiède dégorgée par un soupirail léchait les murs gris sombre. Soudain j'eus l'idée d'un voyage : depuis cette journée de la Saint-Georges dans l'année précédente, nous ne nous étions pas vus, mon frère et moi. A brûle-pourpoint, il m'avait annoncé par téléphone qu'il avait changé d'idée, sa tentative à la campagne ne lui convenait plus, il s'en allait à l'étranger où un ami lui avait procuré une place de veilleur de nuit au Grand Hôtel d'Ostende, face à la mer. Éveline, pensai-je, pourrait m'accompagner. Dans les fauteuils à côté de la réception, dès le premier soir, j'évoquerais devant eux la sœur que mon frère n'a presque pas connue et qui aurait toujours voulu voyager ; puis, la nuit suivante et, s'il fallait encore, celle d'après, pour ne pas raconter d'une traite, je poursuivrais le récit de ma visite à Chloé...

– Mais à la fin du récit, mon frère, sans vouloir une seconde *revenir là-dessus,* exaspéré d'avoir dû garder le silence aussi longtemps, avec une ironie brutale, se mettrait à bafouer ma façon à moi de *voyager,* et ensuite, au lieu de nous séparer, quand manifestement nous n'aurions plus rien à nous dire, vissés à nos fauteuils capitonnés, derniers occupants du hall, parfois dérangés par une arrivée tardive, troublés par une demande imprévue, nous resterions longtemps silencieux, lui dans sa tenue croisée de veilleur mais le veston déboutonné, moi dans mon imperméable, Éveline les jambes repliées sous la jupe, assoupie ; puis je me coucherais dans la chambre n°... d'un couloir profond, auprès d'Éveline et, continuant à la regarder comme la plus subreptice de toutes les femmes, remâchant les cendres de la soirée, sentant ma tête encore courbée dans l'un des fauteuils du salon, je recommencerais pour moi-même à faire le portrait de ma sœur. – Sachant que je n'en reparlerais plus, qu'Éveline ne m'en reparlerait plus, que mon frère ne m'en reparlerait plus, pensant que peut-être un jour beaucoup plus tard je retournerais le voir pour lui demander : t'ai-je vraiment raconté ma visite à Chloé ?... Parce qu'au cours du récit, dans le hall de l'hôtel d'Ostende, ma voix se sera étouffée, à la découverte que rien, rien de tout cela ne m'appartient, tandis que, me laissant, me renvoyant à « mes voltes et mes vires d'autrefois », comme il me l'a déjà dit, mon frère, lui, escompte qu'il va prendre ce qui reste, regarde ce qui reste, reste, dit-il, ce dont on n'a jamais voulu, et il se dit que dans le monde, ce qui vaudra pour finir le plus cher c'est ce dont personne ne veut ; poursuivant ses voyages et regardant les cieux horizontaux, il répète qu'il a à peine le temps de penser à son avenir...

Ma tête se relevait pour rouler de nouveau et je n'y pouvais rien. Les cris de la femme, réclamant une fenêtre ouverte et l'odeur des feuilles mortes, refluaient sous le coup d'ordres brefs, on lui commandait de faire silence. Je me levai, j'allai cerner la fenêtre d'où les hurlements étaient partis, je tournai autour de l'arbre aux feuilles mortes, lorsque je vis s'approcher une femme aux yeux bleus, avec le temps devenus gris, la mèche tombante, comme une herbe folle sur le visage, et qui jouait avec son bracelet-montre métallique, pour soulager les entailles imprimées en amont du poignet, inélégante et souple, longeant une galerie abritée pareille à un préau d'école, sortant libre, de son travail ou de sa maladie, le regard un peu traînant ; elle me renvoya un éclat d'une ressemblance quelconque avec le monde féminin que j'aimais, elle me transmit une paix très brève, mais plus puissante que tout – non plus la certitude de revoir un jour un visage, non, la certitude d'un début et d'une fin, portée par tout visage. Je dépliai les journaux, les trains internationaux étaient en grève, donc je n'avais pas encore de voyage à entreprendre. Je respirai.

CET OUVRAGE A ÉTÉ COMPOSÉ ET ACHEVÉ D'IMPRIMER
PAR L'IMPRIMERIE FLOCH À MAYENNE
DÉPÔT LÉGAL : JANVIER 1990. N° 11465 (28514).

Dans la même collection

DOMAINE FRANÇAIS

Simone Benmussa, *Le prince répète le prince,* roman
Jean-Luc Benoziglio, *La Boîte noire,* roman
Beno s'en va-t'en guerre, roman
L'Écrivain fantôme, roman
Cabinet Portrait, roman
Le jour où naquit Kary Karinaky, roman
Tableaux d'une ex, roman
Alain Borer, *Rimbaud en Abyssinie,* essai
Philippe Boyer, *Le Petit pan de mur jaune,* essai
Pascal Bruckner, *Lunes de fiel,* roman
Parias, roman
Pascal Bruckner et Alain Finkielkraut, *Le Nouveau Désordre amoureux,* essai
Au coin de la rue, l'aventure, essai
Michel Chaillou, *La Croyance des voleurs,* roman
La Petite Vertu
Antoine Compagnon, *Le Deuil antérieur,* roman
Hubert Damisch, *Fenêtre jaune cadmium,* essai
Michel Deguy, *Jumelages,* suivi de *Made in USA,* poèmes
La poésie n'est pas seule, essai
Jacques Derrida, *Signéponge,* essai
Jean-Philippe Domecq, *Robespierre, derniers temps,* récit
Sirènes, sirènes, roman
La Passion du politique, essai
Lucette Finas, *Donne,* roman
Alain Finkielkraut, *Ralentir, mots-valises !*
Le Juif imaginaire, essai
L'Avenir d'une négation, essai
Viviane Forrester, *La Violence du calme,* essai
Van Gogh ou l'Enterrement dans les blés, biographie

Georges-Arthur Goldschmidt, *Un jardin en Allemagne,* récit
Serge Grunberg, « *A la recherche d'un corps* », *Langage et silence dans l'œuvre de William S. Burroughs,* essai
Nancy Huston, *Les Variations Goldberg,* roman
Histoire d'Omaya, roman
Nancy Huston et Sam Kinser, *A l'amour comme à la guerre,* correspondance
Jeanne Hyvrard, *Le Corps défunt de la comédie,* littérature
Raymond Jean, *Cézanne, la vie, l'espace,* biographie
Abdellatif Laâbi, *Le Règne de barbarie,* poèmes
Jacques Lacarrière, *Le Pays sous l'écorce,* récit
Hugo Lacroix, *Raideur digeste,* roman
Giovanni Marangoni, *George Jackson Avenue,* roman
Patrick Mauriès, *Second Manifeste Camp,* essai
Pierre Mertens, *Les Éblouissements,* roman
Natacha Michel, *Impostures et Séparations,* 9 courts romans
Canapé Est-Ouest
Jean-Claude Milner, *Détections fictives,* essais
Philippe Muray, *Jubila,* roman
Claude Nori, *Une fille instantanée,* roman
Pierre-Yves Petillon, *La Grand-Route,* essai
L'Europe aux anciens parapets, essai
Rafaël Pividal, *La Maison de l'écriture,* roman
Marcelin Pleynet, *Les États-Unis de la peinture,* essais
Alina Reyes, *Le Boucher,* roman
Jean Ricardou, *Le Théâtre des métamorphoses,* mixte
Jacqueline Risset, *Dante écrivain,* essai
François Rivière, *Fabriques,* roman
Le Dernier Crime de Celia Gordon, roman
Agatha Christie, « *Duchesse de la mort* », essai
Profanations, roman
Tabou, roman
Denis Roche, *Louve basse,* roman
Dépôts de savoir & de technique, littérature
Maurice Roche, *Je ne vais pas bien, mais il faut que j'y aille,* roman
Olivier Rolin, *Phénomène futur,* roman
Bar des flots noirs, roman

Alix Cléo Roubaud, *Journal 1979-1983*
Jacques Roubaud, *Le Grand Incendie de Londres*
Élisabeth Roudinesco, *Théroigne de Méricourt,* essai
Pierre Schneider, *Plaisir extrême,* essai
Jacques Teboul, *Vermeer,* roman
Cours, Hölderlin, roman
Le Vol des oiseaux, roman
Jean-François Vilar, *Les Exagérés,* roman
Bertrand Visage, *Tous les soleils,* roman
Angelica, roman
Rendez-vous sur la terre, roman
Frédéric Vitoux, *Fin de saison au palazzo Pedrotti,* roman
La Nartelle, roman
Riviera, nouvelles

DOMAINE ÉTRANGER

John Ashbery, *Fragment,* poèmes
Donald Barthelme, *Le Père mort,* roman
Walter Benjamin, *Rastelli raconte...,* nouvelles
José Bergamín, *La Solitude sonore du toreo,* essai
Margarete Buber-Neumann, *Milena,* biographie
William S. Burroughs, *Le Métro blanc,* textes
Robert Coover, *Le Bûcher de Times Square,* roman
La Bonne et son Maître, roman
Une éducation en Illinois, roman
Gérald reçoit, roman
Florence Delay et Jacques Roubaud, *Partition rouge,* poèmes et chants des Indiens d'Amérique du Nord
John Hawkes, *Aventures dans le commerce des peaux en Alaska,* roman
Innocence in extremis, récit
Le Photographe et ses modèles, roman
La Patte du scarabée, roman
Glenn B. Infield, *Leni Riefenstahl et le IIIe Reich,* essai

Giorgio Manganelli, *Discours de l'ombre et du blason*
Thomas Pynchon, *V.*, roman
L'homme qui apprenait lentement, nouvelles
Vente à la criée du lot 49, roman
L'Arc-en-ciel de la gravité, roman
Ishmaël Reed, *Mumbo Jumbo,* roman
Thomas Sanchez, *Rabbit Boss,* roman
Susan Sontag, *La Photographie,* essai
La Maladie comme métaphore, essai
Moi, et cetera, nouvelles
Sous le signe de Saturne, essais
Gertrude Stein, *Ida,* roman
Autobiographie de tout le monde
Botho Strauss, *Théorie de la menace* précédé de *La Sœur de Marlene,* récits
Kurt Vonnegut, *Le Breakfast du champion,* roman
R. comme Rosewater !, roman
Le Cri de l'engoulevent dans Manhattan désert, roman
Gibier de potence, roman
Rudy Waltz, roman
Tom Wolfe, *Acid Test,* roman